NOAH *PAR* **NOAH**

LE CHERCHE MIDI

Tara plage, grand Batanga, Kribi.

Double page précédente: à la Réunion pendant le tournage du clip « Mon Eldorado ».

Tout va bien !

Longtemps, le public et moi, nous nous sommes tournés autour, surtout au début de ma carrière de joueur de tennis. Le sportif que j'étais, s'il fascinait parfois, agaçait certains, faisait peur à d'autres. L'athlète que j'ai été s'est détaché avec bonheur de la compétition, mais je suis tout aussi exigeant dans mes attentes et dans mes relations avec les autres. Je dirais que mon maître mot n'est plus performance, mais harmonie. Ce livre est ainsi pour moi un moyen de me rapprocher de ceux que j'aime et qui m'accompagnent, ma famille bien sûr, mais aussi le public.

Mais ce que j'ai envie de confier aux autres ne concerne plus mes angoisses, ni mes blessures, encore moins mes doutes. Je me suis déjà longuement étendu sur les passages difficiles de mon existence. Ma voix porte un autre message. Elle dit : « Voyez, les douleurs peuvent cicatriser. Visons ce qui est le meilleur pour nous. » Nous avons tous le sentiment d'être bloqués sur des rails, mais il me semble que c'est faux. Il suffit d'agir pour obtenir des résultats aux proportions parfois insoupçonnables. Mon aventure dans la musique était au départ un simple voyage vers ce qui me semblait beau, sensible et riche d'inspiration, toutes ces choses résolument positives dont j'ai toujours eu besoin pour me sentir bien. Et il s'est trouvé que la rencontre entre l'artiste que je rêvais d'être et le public a eu lieu avec un naturel qui confère à la magie. Lorsque je revois les images de ma vie, c'est ce qui me frappe. Mon succès comme chanteur n'a pas été si difficile à obtenir. J'avais un désir puissant, j'ai travaillé et, tout d'un coup, j'ai été capable de monter sur scène et de chanter. J'ai envie de dire à ceux qui veulent bien m'écouter : « N'ayez pas peur ! Tout va bien ! Ça va aller ! », car telle est aujourd'hui ma philosophie. Je suis heureux de constater que, dans ma vie, ce que je souhaitais de tout mon cœur existe bel et bien et me procure chaque jour beaucoup de bonheur.

En un mot, j'aimerais vous démontrer que si j'y suis parvenu, tout le monde peut le faire !

Je suis un zèbre. Un zèbre, c'est noir avec des

lignes blanches ou blanc avec des lignes noires ?

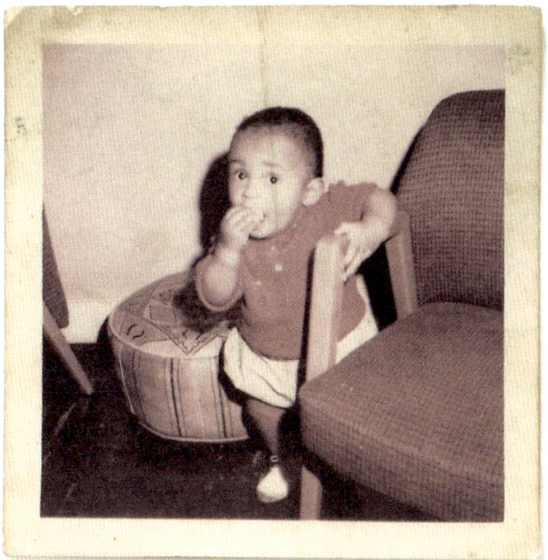

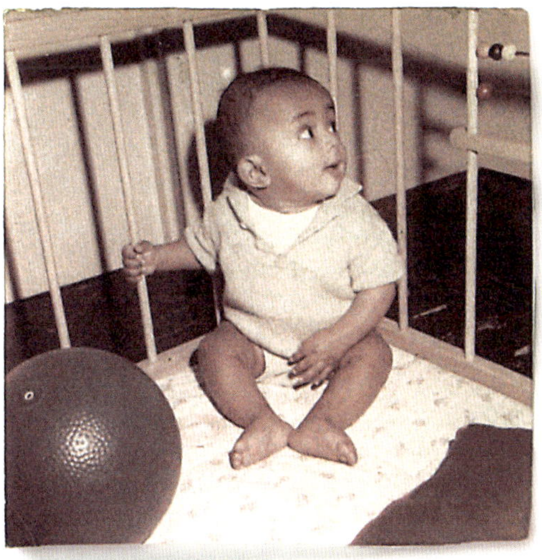

Papa et maman devant mon landau : un Noir et sa femme, blonde. Aujourd'hui encore, cette scène de la vie quotidienne n'est pas banale. Et celui qui est dans le landau ne peut qu'avoir un destin décalé.
Je suis un Noir en France. Un « presque Blanc » au Cameroun. Mais ces clichés ne concernent que les regards extérieurs. Dans ma famille, on ne se pose jamais la question. Nous avons vécu en Afrique à l'européenne et nous avons vécu à l'africaine en Europe. À Sedan jusqu'à mes deux ans, puis à Yaoundé. Quand on m'interroge sur mon identité, je réponds : « Je suis un zèbre ! Un zèbre, c'est noir avec des lignes blanches ou blanc avec des lignes noires ? » C'est comme si on me demandait si je préfère mon père ou ma mère. Le Cameroun, c'est mon père. La France, c'est ma mère. Et je n'oublie pas qu'à l'origine il y a l'amour d'un homme et d'une femme.
À une époque de ma vie où je me suis retrouvé seul avec mes enfants, j'ai demandé conseil à un psy. « Ne vous inquiétez pas, m'a-t-il dit, les enfants, comme vous, comme moi, appartiennent à ceux qui nous aiment. » Cela m'a soudain paru évident et je garde précieusement ces mots : « On appartient à ceux qui nous aiment. »

Sedan, 1961. Mes parents avec le premier trophée de la famille : la Coupe de France remportée par les Sangliers des Ardennes, l'équipe de football de mon père. Une bouteille de champagne a été offerte à tous les joueurs. Elle est aujourd'hui encore dans ma cave.

Kribi, Cameroun. Les années 1960. Pour Nathalie et Isabelle, mes sœurs, et moi, c'était vraiment l'aventure. Une route de brousse. La mer ! On va à la mer ! C'était incroyable. C'était si loin, la mer ! À l'époque, on mettait entre dix et quinze heures, selon l'état de la route, selon qu'il pleuvait ou non. Il n'y avait pas de 4 x 4. Quand nous tombions en panne, il fallait parfois attendre des heures avant qu'une autre bagnole n'arrive pour nous pousser ou que quelqu'un nous aide à réparer. Une fois sur place, c'était le bonheur de nous retrouver tous ensemble, en vacances. Kribi était le seul village du pays qui disposait d'une auberge pour les vacanciers. Les premières années, nous campions sommairement et, plus tard, nous avons logé chez des amis, ou chez une de mes tantes.

Terrain de pétanque. Avant de nous inscrire au Tennis club de Yaoundé, mes parents avaient commencé à jouer sur un court isolé, à côté d'un terrain de pétanque. Quand le court était occupé, on jouait sur ce terrain, avec le filet matérialisé par des chaises. Mon premier grand challenge fut d'arriver à jouer sur le court n° 1 du Tennis club de Yaoundé, bien entretenu et peu fréquenté, en partant du court n° 4 qui était celui des débutants.

Le petit qui joue au tennis. À 10 ans, je suis Yannick, « le petit qui joue au tennis ». À 15 ans, je suis toujours Yannick, « le petit qui… ». À 20 ans, je suis Yannick Noah, joueur de tennis, un champion en devenir. Quand Yannick Noah existe-t-il ? Quand il joue au tennis ! C'est simple.
À partir de là, tout a été très clair dans ma tête. Si Yannick est mauvais au tennis, il n'existe plus. Au début, c'était inconscient, mais en fait j'ai intégré tôt ce paramètre : Yannick Noah n'existe QUE s'il joue bien au tennis. Et quand tu as envie de vivre, comme moi j'avais envie de vivre, il était évident que j'allais tout faire pour bien jouer. J'ai très vite eu le sentiment que les choses allaient se mettre en place pour me faciliter la tâche et me confronter à mes responsabilités. L'essentiel étant de me donner les moyens de bien jouer, c'est-à-dire d'exister.
Je ne me posais jamais aucune question quant à mon avenir, mais j'ai toujours eu la sensation qu'il fallait s'arracher pour y arriver. Et le plus vite possible. Ne pas perdre la moindre seconde.

La cassure. Janvier 1973. C'est la fin des vacances de Noël au Cameroun. Je dois rentrer en France où je suis en pension depuis trois mois. Je tourne le dos à maman qui prend la photo parce que j'ai les larmes aux yeux. Et mon regard croise celui de Papa Tara, mon grand-père, qui vient me dire au revoir. Je ne sais pas où j'ai trouvé la force de quitter les miens.

Papa

J'ai toujours un peu surpris les gens parce que, pour l'opinion publique, un Africain, c'est forcément un gars dilettante. S'il sourit ? C'est sûr, qu'il est dilettante ! Et s'il aime bien danser, qu'il est un peu fainéant à ses heures, un peu fragile physiquement, on dit de lui qu'il avait du talent, un truc inné que les autres n'ont pas, mais qu'il n'a pas su faire fructifier. On se tourne alors à regret vers les besogneux. Et l'on se force à apprécier leur mérite.

Quand tu es un sportif black, et que tu arrives avec un état d'esprit de gros bosseur, tu surprends.

Papa était un gros bosseur. Il a arrêté sa carrière de footballeur très tôt. Mais son parcours est éloquent. Il m'a transmis tout ce qu'il avait de volonté, et plus. Il a débarqué en France dans les années 1950, à Saint-Germain puis à Sedan, club avec lequel il a gagné la Coupe de France, en 1961. Il n'était pas tout seul. Ils étaient plusieurs Africains à avoir risqué leur avenir en France pour leur passion du football. Ils travaillaient à l'usine. Papa était loin de son pays, il se sentait un peu perdu, alors il a trimé pour ne pas se laisser enterrer vivant. Papa, ça a toujours été ça. J'ai toujours entendu papa me répéter, avec son accent africain très prononcé et sa voix lente et grave : « Yann, bosse ! Bosse ! Bosse ! » Comme si c'était la voix d'un ange gardien, je l'entends encore me répéter : « Yannick, dans la vie, il faut "marner" ! Je ne serai pas toujours là pour te le redire ! Alors il faut que tu… "marnes". »

C'est un truc essentiel qu'il m'a donné. Il me disait aussi que j'avais beaucoup de chance de pratiquer un sport individuel. Dans son équipe, il y avait des joueurs qui tiraient un peu au flanc, comme dans toutes les équipes du monde d'ailleurs. Comme dans toutes les entreprises aussi, il y a toujours ceux qui entraînent l'équipe vers le haut, et ceux qui profitent discrètement du mouvement. Papa a toujours été agacé par les planqués : « Bien sûr, ça va te manquer, les copains, mais dans un sport individuel, tu auras toujours ton destin entre tes mains. Tu vas marner, Yannick, et tu vas recueillir les fruits de ton travail. » C'est un luxe de prendre son destin en mains.

Le collier de perles

Arthur Ashe était mon idole. Je m'habillais comme lui. Je marchais comme lui. J'adorais le collier qu'il portait. Je me suis procuré les mêmes perles et j'ai confectionné un collier identique au sien. Il était venu à Yaoundé à l'occasion du mariage d'un joueur de tennis, Charlie Pasarell, dont le voyage de noces était une tournée au Cameroun. Quand il a débarqué à Yaoundé en février 1971, j'avais 11 ans. Admiration absolue et instantanée. Arthur a une aura incroyable et la même coupe de cheveux que moi, une tenue toute blanche, et cinq raquettes identiques ! Je tape deux, trois balles avec lui. Je n'imaginais pas que quelqu'un puisse jouer aussi facilement, que ce soit aussi beau à voir. À la fin de la séance, il est mon héros, je lui demande un autographe, il écrit : « J'espère que je te verrai un jour à Wimbledon. » Je place le précieux document au-dessus de mon lit, et je m'endors.

Mais le lendemain matin, à 6 heures, je réveille mon père parce que j'ai oublié de faire signer un autre poster à Arthur. Papa est étonné mais, comprenant l'urgence, m'accompagne à l'aéroport qui était pourtant loin de chez nous. J'arrive à l'aérogare : personne. Et soudain, Arthur et ses amis arrivent, plus ou moins KO, car ils avaient fait la fête. Arthur m'a repéré. Il se penche vers moi en souriant et il me dit en français avec son accent américain : « Tu es encore là ? » Il signe mon poster et me donne sa raquette. À partir de cet instant, mon unique but sera d'être comme Arthur Ashe. Je me rappelle que mon oncle Jean, qui me suivait à l'époque et ne ratait jamais une balle de mes entraînements, susurrait en riant, à chaque fois que je réussissais un beau revers : « Arthu-u-u-rrr ! »

Aussi étonnant que cela puisse paraître, nous nous sommes retrouvés côte à côte dans les vestiaires de Wimbledon en 1977 avant de disputer un double ensemble. De loin en loin, Arthur avait suivi l'évolution de mon jeu, mais c'est fort discrètement qu'il s'était débrouillé pour que l'on ait une invitation à Wimbledon.

J'éprouve alors une espèce de vertige : je suis impressionné, j'ai la trouille, je suis excité. À 17 ans, ce qui m'arrive me semble irréel. Après le poster, la raquette, Yaoundé, l'aéroport, je vais jouer AVEC lui, sur le central de Wimbledon. Je vais devoir lui parler ! Dois-je l'appeler Monsieur ? Je suis si ému que je lui demande si on ne peut pas déclarer forfait ! Je suis submergé par ma timidité. J'ai finalement joué, mais nous ne sommes pas allés bien loin.

Ensuite, il y a eu l'épisode inoubliable de Richmond. Sa ville natale. Ma première victoire en « Supersérie » (première catégorie) en 1981. Je suis porté par lui tout le long du tournoi bien qu'il soit absent. Ses conseils résonnent dans ma tête. Je me retrouve pour la première fois dans un stade où tous les fidèles supporters d'Arthur donnent de la voix pour « le petit protégé » de leur idole. Leurs voix m'enveloppent et me portent. Son papa, qui travaille dans le vestiaire, m'encourage à chaque match. J'entre dans une dimension quasi mystique. Le jour de la finale où je dois affronter Ivan Lendl, j'apprends qu'Arthur a décidé de se déplacer pour l'occasion et qu'il remettra la coupe au vainqueur. Il n'est donc pas question que je perde, et j'ai gagné. Il m'a remis la coupe. Et il n'y a eu aucune effusion malgré l'immense émotion partagée.

Nous ne nous sommes jamais étendus longuement sur ce lien hallucinant qui a pourtant réuni nos deux vies, en raison de ma timidité et de sa retenue. C'est un peu comme si, demain, je repère un petit môme dans une banlieue, je le porte vers le plus haut niveau, il gagne Roland-Garros et je lui remets la coupe ! Je pense que je pourrais m'arrêter là. Arthur a beaucoup vibré pour moi, nos sentiments l'un envers l'autre ont toujours été puissants, mais très pudiques.

Je me souviens de cette semaine de la fin de 1982, quand nous avons disputé avec l'équipe de France la finale de la Coupe Davis à Grenoble, face aux Américains dont le capitaine était… Arthur Ashe. J'étais très troublé par le fait qu'il soit capitaine de mes adversaires. Pour moi, cela n'avait pas de sens. J'étais fier de défendre les couleurs de la France, mais très mal à l'aise quand Arthur donnait des conseils à McEnroe pour me battre ! Il m'avoua bien des années plus tard que ce fut pour lui aussi un horrible moment.

L'année suivante, il m'a interviewé en direct à l'occasion de ma victoire à Roland-Garros. Par la suite, il a assuré les commentaires de plusieurs de mes matches aux États-Unis, notamment ma victoire à Forest Hills en 1986 face à Lendl. J'ai conservé un enregistrement. Même si Arthur est en retenue, on sent subtilement qu'il est à fond derrière moi et qu'il me connaît par cœur. Ce match associé à sa voix est l'un de mes souvenirs les plus touchants.

On s'est croisés ainsi jusqu'au moment où j'ai été l'un de ceux qui ont porté son cercueil. Entre l'église et le cimetière de Richmond, nous avons parcouru une dizaine de kilomètres, entre deux rangées de gens émus, collés les uns aux autres comme pour se soutenir dans le chagrin. Les gens se recueillaient sur le bord de la route, chaque famille devant sa propre maison, avec les parents en pleurs et les enfants vêtus de leurs plus beaux habits qui saluaient le cortège.

C'est son frère qui m'avait demandé d'accompagner le cercueil, selon le souhait d'Arthur lui-même, décédé à l'hôpital de New York le 13 février 1993, à l'âge de 50 ans, une semaine après notre dernière conversation.

Grand-père Perrier, mon grand-père maternel. Dans les années 1960, il était correspondant de *L'Équipe* à Sedan où il ne ratait aucun match de l'équipe de football. Un jour qu'il devait interviewer la dernière recrue originaire de Yaoundé, Zacharie Noah, il se fit accompagner de sa fille, Marie-Claire, grande supportrice des Sangliers des Ardennes. Maman eut un coup de foudre. Son père s'éclipsa discrètement pour laisser les deux amoureux. « Pépère » avait vu juste.
C'était un homme délicieux qui ne terminait jamais une phrase sans y inclure une petite blague ou un clin d'œil. Celui qui était pour mes sœurs et moi-même notre « bon papy blanc » nous a quittés en douceur. C'est la première fois que j'ai vu quelqu'un partir sereinement, au terme d'une vie sans regret. C'est comme s'il nous avait dit : « Je suis prêt. Ne vous inquiétez pas. » Ce fut une consolation. Mais il me manque encore.

Maman N'Gon, ma grand-mère, épouse de Simon Papa Tara, a rencontré tardivement mon grand-père Perrier au Cameroun. J'étais là. Elle ne parlait pas français. Ils se sont regardés en souriant des minutes entières. Ma grand-mère lui touchait les bras et regardait ses mains… Ils riaient…
Pour Maman N'Gon, j'étais « Qué-gué-gué », son chéri. Elle était la maman de tout le monde. Ses « enfants » étaient toujours autour d'elle. Sept dont mon père, et ses petits-enfants, arrière-petits-enfants. Les cousins, les cousines…
Quand maman est arrivée au Cameroun au début des années 1960, elle l'a accueillie comme sa fille. Mes parents s'étaient plus ou moins mariés en cachette, parce que ce n'était pas évident pour un Africain de choisir une Blanche, pas plus qu'il n'était facile pour une Blanche d'épouser un Africain. Mon père avait la trouille de la réaction de sa famille, en particulier celle de son père, Simon Papa Tara.
Maman était enceinte de moi quand elle leur a été présentée. Le fait que je sois un garçon a arrangé beaucoup de choses. Tout d'un coup, il arrivait dans la famille un garçon qui porterait le nom de Noah. Alors, tout le monde s'est un peu détendu, Yannick serait bien accueilli. Je l'ai échappé belle, car si j'avais été une fille, papa m'aurait appelé Nadège.
On repartait toujours apaisé de chez elle. Maman N'Gon incarnait l'amour, l'ouverture d'esprit, le courage et la sagesse.
« Qué-gué-gué » ferait un joli titre de chanson.

Maman et son jardin d'enfants

Elle a rassemblé des enfants au beau milieu de nulle part – on habitait dans une oasis au milieu de la brousse –, elle a posé un panneau, et elle a écrit « maternelle » dessus. Trente ans après, l'école existe toujours mais la brousse est devenue une ville. Maman m'a toujours soutenu dans mes choix. Quand j'ai décidé de partir en France, malgré son chagrin et son inquiétude, elle était d'accord. Pour elle, c'était naturel, parce que c'est une bosseuse aussi, et elle voyait bien que j'étais prêt à m'investir à fond dans ma carrière. Quand elle était en Afrique, maman ne parlait pas beaucoup. Elle ne me faisait pas part de ses inquiétudes, alors qu'elle était consciente, bien avant moi, des manques qui allaient fatalement marquer le début de mon adolescence, loin de la maison familiale. Papa me poussait ouvertement vers ma passion, tandis que maman essayait de faire en sorte que j'aie le moins possible à en souffrir.
Mes parents étaient superheureux, et superfiers que je veuille devenir un champion. C'est arrivé très vite. Je suis devenu rapidement le meilleur joueur de France et d'Europe dans ma catégorie d'âge. On parlait de moi à la radio et dans les journaux. Du Cameroun, cela paraissait énorme ! Rétrospectivement, je réalise l'ampleur du sacrifice. J'avais 12 ans quand je suis parti. Généralement, quand on envoie son fils en pension, c'est pour s'en débarrasser ou parce qu'il est turbulent. Ce n'était évidemment pas le cas pour moi. Ils se sont séparés de moi par amour. Et aujourd'hui, cela m'aide énormément dans mon rapport avec mes enfants.

Le quatuor infernal : Mich', Moulineau, Phitouss' et moi, revenant d'une partie de football, à Central Park en 1981. Ils étaient venus à New York où je jouais. Ce qui m'a pesé le plus tout au long de ma carrière, cela n'a jamais été ni les voyages, ni le stress ou la dureté de l'entraînement. Ce qui me semblait le plus douloureux, c'était le fait de partir de chez moi et de laisser les miens et les copains. Heureusement, mes potes profitaient de leurs vacances pour me rejoindre. Eux étaient ravis. Et moi aussi, bien sûr. C'était l'occasion de faire la fête et un moyen de me régénérer.

Soldat. À l'armée, bataillon de Joinville, à Fontainebleau. Cela n'allait pas fort. Pascal Portes, qui était un très bon joueur de tennis, avait mal supporté qu'on lui coupe ses « crayons », ses cheveux dont il était si fier. Il était effondré. Il se baladait partout avec un vieux *Paris Match* ouvert sur une photo de lui avec les cheveux longs. On faisait souvent le mur. Le jour où Benjamin Auger, un copain, excellent photographe, est venu pour ce reportage, on s'est perdus dans la caserne. On ne savait plus du tout où étaient nos chambres.

De gauche à droite: Patrice Beust. Celui qui m'a donné le goût de l'entraînement et du jeu. À mes débuts à Nice où se trouvait le centre de tennis-études que j'ai intégré à 12 ans, il a joué pour moi le rôle de second père. À cette époque, nous sommes trois frères: Gilles Moretton (en haut à droite) et Pascal Portes (en bas à gauche). On partage tout. / Après notre victoire contre l'Argentine en 1982, à l'ambassade de France, avec Gilles Moretton et Thierry Tuslane. / Raquettes en main avec Patrice Hagelauer. / Ma chambre dans mon premier appart' de la rue Poussin, à Paris. Tout était noir, comme dans celui de Jimi Hendrix.

De gauche à droite: La guitare, déjà, dans mon fauteuil rond Pier Import dont j'étais très fier. / Tiburce Daru m'a fait découvrir les vertus de l'entraînement physique basé sur l'intensité et le collectif. À nos débuts à Nice, avec Gilles Moretton, on jouait au basket tous les jours. On caressait le même rêve: tenter notre chance dans une université américaine. C'est maintenant Joakim, mon fils aîné, qui réalise ce rêve. / Avec Henri Leconte à New Delhi, en 1984, sur herbe. / Avec Cécilia, la maman de Yooks et de Nena, mes deux aînés, et Serge Gainsbourg, en 1984. C'est le soir où il m'a fait découvrir le pastis. On a terminé au Ritz. J'étais mort de rire. Il commandait des 102 (double 51) en rafales en répétant: « Assure, man ! On déconne, mais il faut assurer un max parce qu'on nous prend en photo. » Tard dans la nuit, il est tombé. Il était triste, et il m'a prié de le raccompagner. Il a joué du piano. Une soirée inoubliable. / Avec mon pote Alain Phitoussi, je présente notre ligne de parfums, dont on a vendu trois flacons !

Debout : Moulineau, Paulo Cesar, Louis Bertignac et moi. Devant : Didier et Alain Phitoussi, Michel Grach.

C'est « la » photo. Je suis dans le cosmos ! J'ai gagné Roland-Garros et, par chance, je viens d'écoper d'une suspension. Je peux profiter de mes copains, au meilleur moment qui soit pour moi, car, mentalement, je suis cuit. On est en vacances. La veille, on a décidé de partir en Corse en bateau. Mais en pleine nuit, une tempête s'est levée. Tout le monde a été malade dans la cabine, sauf ceux qui ont pris des cachets pour dormir. Paulo (Paulo Cesar), qui n'avait pas dormi depuis trois jours, est le seul à dormir comme un bébé. Et donc le seul à ignorer que, après quatre heures de navigation, nous sommes finalement revenus au port, à deux cents mètres de l'endroit d'où nous étions partis… Mais pour rigoler, on lui dit à son réveil qu'on est en Corse. La journée se déroule normalement, on fait un foot, et lui se croit toujours en Corse. Et puis ça continue comme ça, un jour ou deux. Un soir, on décide d'aller dîner dans un restaurant fréquenté par Brigitte Bardot. Paulo, quand il la voit, croit halluciner : « Brigitte Bardot ? Elle est en Corse ? Je croyais qu'elle ne quittait jamais Saint-Tropez ! »

Mon premier show

Mon idole, c'était James Brown. Je n'étais pas le seul. À Yaoundé, la plupart des gars de mon âge allaient chez le tailleur pour se « looker James Brown » et se déhancher devant la glace. *Hot pants*… Pattes d'éléphant. J'aimais bien les Poppies, aussi. Papa passait de la salsa, de la musique cubaine et du jazz. Les deux premiers disques qu'il m'a offerts furent : *Are You Experienced*, de Jimi Hendrix, et *Green River,* de Credence Clearwater Revival. L'été, quand on allait en vacances en France, maman retrouvait ses disques : Brel, Reggiani, Moustaki, Sheila, Hervé Villard… J'ai une bonne oreille, je chantais juste et j'apprenais vite les paroles.
Mon premier show, je l'ai donné à Nice, en 1977, à l'occasion du traditionnel tournoi de tennis de Pâques, durant lequel nous organisions des spectacles. Dans un des numéros, j'étais déguisé en Joséphine Baker, avec des bananes autour de la taille, dans un autre, je portais un fourreau à paillettes dorées et j'étais maquillé comme un travesti. J'ai chanté en play-back *Femme*, la chanson de Nicole Croisille. Je m'étais senti étonnamment bien pour quelqu'un d'aussi timide que moi à l'époque.
Dès que j'ai approché la scène, j'ai été à l'aise dans l'interprétation des chansons des autres, mais plutôt chancelant à l'heure de chanter mes propres paroles. J'ai travaillé sur cette timidité quand j'ai pris mes premiers cours de chant, avec Mme Charlot. La première fois qu'elle m'a accueilli chez elle, elle s'est mise au piano et m'a demandé de lui chanter quelque chose, n'importe quoi. Évidemment, j'hésitais, elle a vu tout de suite que je n'étais pas à l'aise, et m'a charrié un peu : « Comment ? Un grand gaillard comme vous ? Vous n'allez pas me dire que vous êtes timide, quand même ! » Eh bien, si ! Alors, elle m'a dit : « Il faut absolument que vous trouviez ce dont vous avez besoin pour vous sentir bien. Johnny, lui, a besoin de faire de la musculation pour bien se sentir dans son corps. Michel Sardou aime s'habiller en noir… »
Moi, j'avais seulement besoin d'exprimer mes faiblesses. Arrêter de les cacher. J'en avais plein le dos d'essayer d'être le plus fort.

Avec Guy Forget. / En pédalo à Sion, en Suisse, avec Nena, Amélie Mauresmo et Alexandra Fusai. / Avec Vitas Gerulaitis.

Vitas Gerulaitis : « La » star qui a marqué la grande époque du tennis des années 1980. Jusqu'en 1976, le joueur type était un garçon aux cheveux courts, bien élevé et propre sur lui. Et tout d'un coup, une nouvelle génération est arrivée : Borg, cheveux longs et bandeau, Vilas, McEnroe et – même s'il était un peu moins fort raquette en main – Geru avec sa coupe d'avant-garde, cheveux courts devant et longs derrière. Tous ces gars-là furent les premières – avec Nastase et Connors – et uniques grandes stars du tennis mondial. Alors que les gars arrivaient en taxi ou en limousine officielle, Geru sortait de sa propre voiture et il était déjà en tenue de tennis. Il roulait dans une Rolls jaune avec quatre filles qui portaient ses sacs. C'était un gars qui flambait, dans le bon sens du terme : il flamboyait ! Il jouait ses matches comme il vivait : à fond. Même s'il a perdu quinze fois de suite contre Borg avant de le battre enfin à la seizième rencontre. Geru aurait dit : « Personne ne bat Gerulaitis seize fois d'affilée ! » Certains rêvaient des titres de Borg, mais moi, je rêvais de la vie de Geru. Les bateaux, les avions, les bagnoles, les filles, les boîtes de nuit, les concerts, le rock'n roll. Il fut aussi le premier à faire de la musique et à monter sur scène. On a souvent fait la fête ensemble. Geru est mort jeune, à 40 ans, dans d'étranges conditions, asphyxié.

José Touré et moi. / Avec Alain Teulère et Michel Grach. / À Tokyo en 1997.

José Touré. L'un des joueurs de football les plus doués de sa génération. Je suis devenu très copain avec lui quand j'ai arrêté la compétition en 1991. Lui était encore en activité, mais il était gravement blessé. Nous avons passé six mois ensemble. Il a eu un gros blues, un truc dont normalement personne ne se remet, sauf que lui, il y est parvenu. J'éprouve pour lui une admiration sans limite, doublée du sentiment confus qu'à sa place je n'aurais pas dépassé ce qu'il a vécu. À une époque, il était le joueur le mieux payé de France mais quand il a demandé à son homme d'affaires qu'on lui débloque l'argent amassé au cours de sa carrière pour entamer sa reconversion, il lui a répondu : « Il n'y a plus rien ! » Les gens ne se rendent pas compte de ce que José Touré a vécu. Sous le double choc de la retraite et de la ruine, il s'est retrouvé en prison pour une broutille et on l'a complètement laissé tomber. C'est à ce moment-là qu'on a passé beaucoup de temps ensemble, mais il s'en est sorti tout seul. José est un battant. Il a souffert en silence et il n'a jamais perdu son humour. Et par-dessus tout, ce que je trouve magnifique, c'est qu'il ne s'est jamais, jamais, montré amer, ou aigri envers qui que ce soit. Aujourd'hui, José est comme un frère.

THE CHALLENGE
The best tennis you'll see this summer.
July 31 – August 3, 1997 at The Broadmoor in Colorado Springs

John McEnroe, Jimmy Connors, Bjorn Borg et moi en 1995. Avec Borg, on riait souvent, avec John parfois, mais avec Connors, jamais ! Cette photo est un collector.

Sur le court, le combat,

c'était le moment de vérité.

" SAUTER, ALLER
CHERCHER UNE BALLE
LOIN, S'ÉCLATER,
SE DÉTENDRE
SUSPENDU
VERTICALEMENT
QUELQUES INSTANTS
DANS L'ESPACE,
ÉVACUER, SE
DÉFOULER "

Monte-Carlo, 1986. Finale face à Joachim Nyström.

Sophia-Antipolis, 1986.

Lois
BANQUE
NATIONALE
DE
PARIS
BNP
Canon
BERTEIL
lotto
SERGIO
TACCHINI
DONNAY
HUGO BOSS

Roland-Garros, dix ans après.

Roland-Garros, 1983.

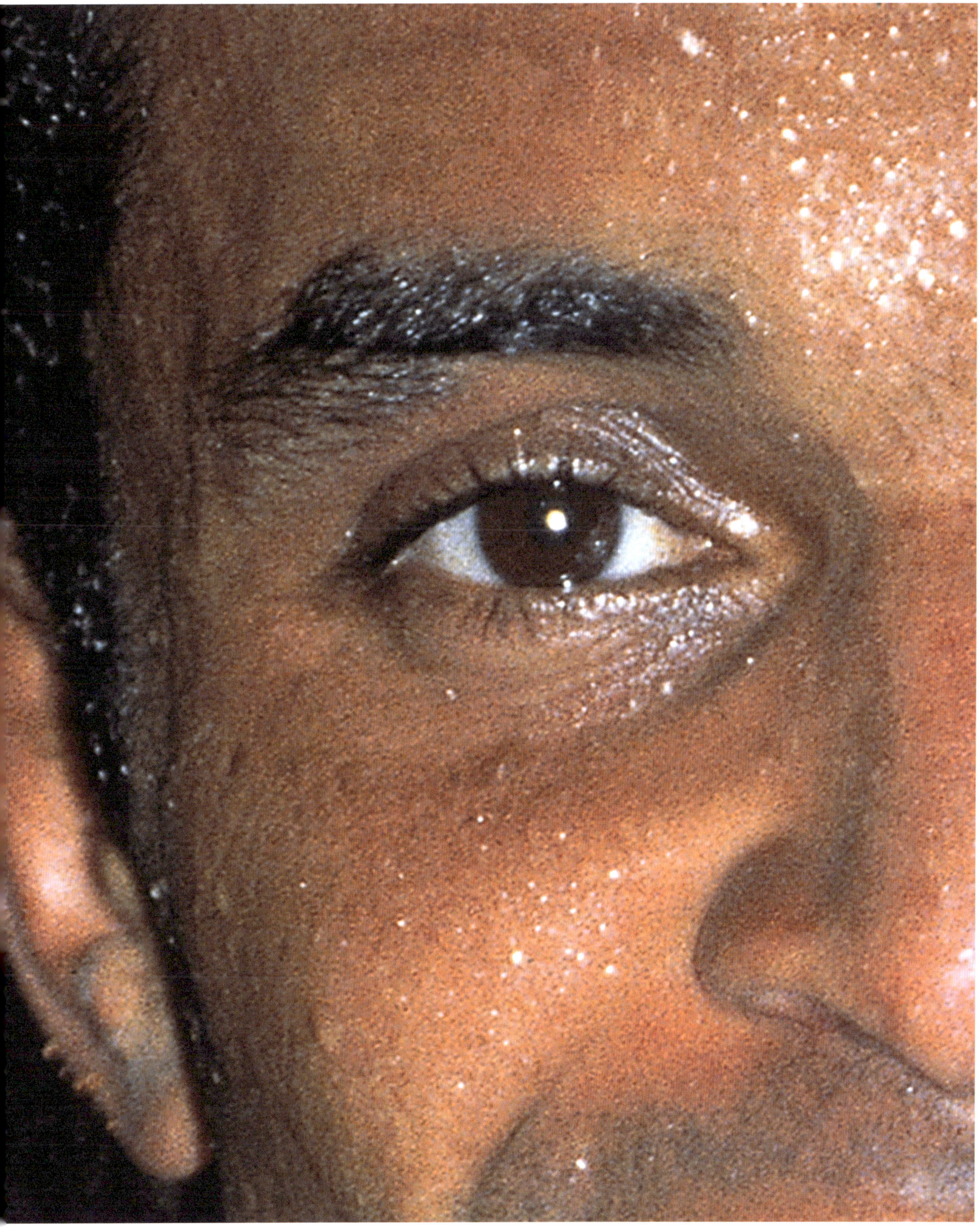

Combattre sa peur comme un ennemi mortel

Roland-Garros, 1988.

Clermond-Ferrand, 1988. Match de Coupe Davis contre l'Australie.

ALLER À LA BAGARRE EN AYANT ENVIE D'ÊTRE LÀ !

Marbella, 1991.

Key Biscayne, 1991.

MONTE-CARLO, 1986. Je suis qualifié pour la finale du simple le samedi mais, dans la nuit, Cécilia m'appelle de New York : « Je suis en train d'accoucher. Je n'ai pas voulu t'appeler avant car je n'étais pas sûre. Je suis à l'hôpital, dors bien et à demain ! » Trois heures après – j'avais bien sûr dormi zéro seconde ! –, elle me rappelle : « C'est une fille ! » Dans la matinée, je me réveille dans les vapes pour affronter Joachim Nyström, un Suédois qui devait commettre une seule faute directe par saison. Je n'ai pas tapé la première balle que, pour moi, le match est déjà fini, je sais que je ne suis pas à la hauteur physiquement. J'ai perdu 6-3, 6-2. Mais j'ai enfin pu appeler Cécilia ! Elle me raconte comment s'est passée la naissance, comment va la petite (c'était Nena) et il est déjà temps de retourner aux vestiaires pour la demi-finale du double avec Guy Forget. Je n'ai qu'une idée en tête : monter dans le premier avion pour retrouver ma femme et ma fille. Mais j'ai des obligations. L'indéracinable gardien du vestiaire me propose alors un petit remontant : un verre de vin rouge. J'en bois un… demi-litre ! Hagelauer est consterné, Guy n'a plus d'ongles, énervé par mon euphorie. Je ne me souviens pas de grand-chose sauf des félicitations de Guy parce que, pour une fois, je n'ai pas raté un seul retour de service de la journée !

On a gagné le premier match contre Drewett et Edmonson qui ont laissé leur place à Nystrom et Wilander. En deux heures et demie, l'affaire était pliée : on est partis avec la coupe. C'est l'un de mes trophées préférés. Et c'est grâce à cette expérience que j'ai eu ensuite moins de scrupules à m'envoyer un petit cognac à l'entrée du court, quand j'avais du mal à me détendre !

EBEL
BOSS

Bastad, 1988. Match de Coupe Davis contre la Suède.

Monte-Carlo, 1988.

Bastad, 1988. Match de Coupe Davis contre la Suède.

Roland-Garros, 1990.

Dans le rouge

Sauter, aller chercher loin une balle, s'éclater, se détendre, suspendu quelques instants dans l'espace… Un lien entre le tennis et la scène existe, pour moi, dans la débauche d'énergie physique. L'expression du corps poussée à l'extrême.
Sur un court ou sur scène, ce sentiment d'être en forme, de résister, de tenir, me procure un plaisir inouï. Je ne suis jamais fatigué… pendant. Après, si. Le pantalon plein de sueur, les muscles tremblants, je suis vidé. Vidé. Et heureux.
J'ai réalisé l'importance de l'effort physique assez tôt, quand j'ai découvert l'entraînement, à Nice, avec Patrice Beust et Tiburce Daru, qui a ensuite été le préparateur physique du PSG, de Bordeaux et d'Arsenal avant de préparer les candidats de la Star Ac ! Quand je faisais du footing, c'était une vraie course. Épuisante pour le corps, mais tellement riche pour l'esprit par la suite. L'effort extrême me donnait un sentiment de force et de confiance. Et pour moi, l'entraînement, c'était la fête. Tiburce proposait des exercices si variés qu'on ne s'apercevait de leurs difficultés qu'une fois terminés. Pour qu'on oublie la douleur, il nous racontait des histoires abracadabrantes qu'on gobait. Il m'a transmis sa passion pour le dépassement de soi.

Quand j'observe certains footballeurs professionnels à l'entraînement, je m'étonne souvent : « Mais qu'est-ce qu'ils font ? À quoi ça sert de trottiner comme s'ils étaient en perpétuelle récupération ? » Je n'en ai pas vu souvent terminer l'exercice avec les mains sur les genoux, au bord de la syncope. C'est étrange, ils se mettent rarement dans le rouge. Pour ma part, je n'aurais pas aimé devoir en garder sous le pied.
Souvent, j'ai vu le trou noir dans l'effort. Je l'ai même recherché. Non par masochisme mais parce que c'est là que je progressais. C'est dans cette zone-là que je travaillais vraiment, que j'avançais, que je laissais les autres derrière moi. Tes propres limites, tu ne peux pas les repousser si tu ne vas « au-delà » que de temps en temps. Mais si tu y vas quarante, cinquante fois, alors là, normalement, un jour, tu te transcenderas. L'athlète qui répète qu'il est fatigué, le chanteur qui traîne les pieds jusqu'au micro, pendant les répétitions, n'est pas un gros bosseur. La fatigue, c'est l'excuse du rigolo.
Bien sûr, il faut accepter une forme de douleur. Il faut même la demander, et l'apprécier. Mais quoi de mieux que de se trouver dans une zone où l'on sait avec certitude que l'on est en train de progresser ? Si tu joues seulement sur la gamme de tes sensations, sans jamais produire d'énergie nouvelle, tu n'atteindras jamais la balle inatteignable. Il faut explorer cette zone où tu es à fond, mais toujours lucide, jusqu'à ce qu'elle te soit devenue si familière que tu ne t'en rendes même plus compte. Que tu y sois bien.

Key Biscayne, 1989.

Le combat

Sur le court, le combat, c'était le moment de vérité.
Enfant, je ne rêvais pas d'échauffement, ni des premiers jeux, mais de ces instants de tension rares, où tu es à 5 partout au cinquième set… Là commence le vrai match. Tu peux faire tout ce que tu veux avant, si tu n'aimes pas être à 5-5, si tu appréhendes ce moment, alors tu t'es trompé de voie.
Parmi les sportifs que j'ai connus, certains en avaient peur, *a priori*, parce que c'est un moment de tension inhabituelle, d'autres qui avaient eu de mauvaises expériences redoutaient d'avoir à revivre un sentiment douloureux, d'échec, de déception.
Alors, c'est un cercle vicieux qui s'installe. Tant que tu ne travailles pas dessus, tu stresses. Cela ne peut revenir par enchantement, il n'y a pas de « déclic » à espérer, de « clé », de « choc psychologique ».
« Déclic » : mot fétiche du jargon sportif français ! Je ne sais même pas s'il existe dans d'autres langues ! Dans la manière anglo-saxonne d'aborder le sport ou le travail, ce terme n'a pas de sens. Le « déclic »… la « clé » ! C'est une illusion, l'espoir vain qu'une solution arrive de l'extérieur. C'est vrai que la vie se charge de fournir des indications qui peuvent produire le déclenchement d'un processus gagnant, mais personne d'autre que soi-même ne peut en tirer toute l'efficacité.
Quand tu as peur de la confrontation avec toi-même, quand tu ne sais pas ce que tu veux *vraiment,* ni *comment* l'obtenir, tu ne maîtrises plus ton destin.
Dans mes rêves de gosse, je ne gagnais pas sur une double faute de l'adversaire, je servais une bonne balle, l'autre faisait un superbe retour, il y avait un bel échange, je montais au filet, il me faisait un superbe passing, je plongeais et faisais, par raccroc, une volée amortie. Il me croyait mort ? Je me relevais… Ça, c'était une balle de match !
Souvent, les joueurs terminent leur match en beauté lorsqu'ils mènent largement… c'est la moindre des choses. Le vrai kif, c'est de se faire une balle de match de folie, au tie-break du dernier set. Ce sont ces matches-là dont tu te souviens toute ta vie comme celui contre l'un de mes adversaires préférés : mon pote Mats (Wilander), à Key Biscayne. Nous étions tous les deux au coude à coude et j'étais dans une grande forme. À cette époque, les tie-breaks au cinquième set étaient fréquents. Tout au long de ce jeu décisif, nous avons joué des points incroyables. Moments magiques où l'on excelle sans éprouver ni douleur, ni fatigue. Les gens hurlaient debout. Chaque échange était une bagarre, un bras de fer. Pas un point ne permettait le moindre répit, et à la fin, celui qui perdait ou celui qui gagnait, cela n'avait presque plus d'importance. Même si j'ai gagné ce jour-là.
Dans ces cas-là, tu ne penses pas à ce qui se passe de l'autre côté du filet, ni à ce qui arrivera si tu rates ou si tu réussis le point. Tu apprécies juste l'instant, content d'être sur tes deux jambes après trois heures de jeu, les genoux en sang, mais imperméable à la douleur. Tu es dans l'arène. Le stade sous tension te renvoie son énergie, nous ne formons qu'un avec le public, c'est le moment attendu, c'est pour ça que tu as bossé. Il ne faut pas avoir peur de le vivre. Des pensées parasites surgissent : « Tu es en finale, c'est déjà bien. Si tu échoues, ce n'est pas grave… Tu feras mieux la prochaine fois… ».
Si tu ne t'es pas exercé à repousser ces idées débiles, attention ! Elles te boufferont ! Il faut intégrer la parade dans le conditionnement. Cela m'a frustré de voir des joueurs que j'apprécie flancher avant la fin de manière quasi prévisible, parce qu'ils refusent ce moment de vérité. Pour ma part, et même si je n'ai pas toujours gagné, je ne vivais que pour ça : me retrouver à 5-5 au troisième set !
Henri Leconte était comme moi. Guy Forget a découvert cette excitation extrême en fin de carrière, et c'est là qu'il a été le meilleur comme en témoigne sa victoire à Bercy en 1991. À partir du moment où il a recherché ces moments-là, il a écrit les plus belle pages de son histoire en emportant également la Coupe Davis à deux reprises et en contribuant à la victoire de son équipe en Fed Cup en 2003, à Moscou.
Il faut savoir qu'on a tous peur ! Lorsque tu as peur, ton esprit met ton corps en tension. Or, avec un corps en tension, on se fatigue plus vite, on perd sa lucidité, sa fluidité, son inspiration, son efficacité. Il faut donc commencer par trouver le moyen de détendre son corps. Aussitôt libéré, l'esprit redevient naturellement plus serein.
La peur monte et ta respiration est toute saccadée… Imagine… Tu es chez toi, tranquille, il est tard. Tu es seul. Tu entends soudain du bruit en bas. Qu'est-ce qui se passe dans ton corps ? Exactement ce qu'il se passe dans la tête d'un joueur qui arrive pour la première fois à 5-5 dans un match important, ou qui se retrouve seul face aux poteaux adverses, quand les deux équipes sont à égalité, et qu'il ne reste que deux minutes à jouer.
Le secret est d'aller à la bagarre. De ne jamais laisser la peur entraver ton action.

J'AI TOUT ESSAYÉ AVEC L'HERBE et force est de constater que cela ne m'a pas réussi. J'ai porté des chaussures à crampons, des semelles lisses. Je suis resté en chaussettes et j'ai même osé les moon-boots pour un résultat toujours plus décevant. En fait, j'étais incapable de tenir debout parce que je n'avais pas un bon petit jeu de jambes. J'avais des poussées fortes alors que, sur herbe, il faut être un peu léger. Du coup, j'étais toujours par terre.

Rome, 1987.

U.S. Open, 1987.

Vainqueur à Sydney en 1990, je suis arrivé en demi-finale de l'Australian Open et j'ai perdu contre Lendl.

HENRI, MON PARTENAIRE, MON AMI. J'ai senti que je pouvais transmettre certaines choses quand j'ai commencé à jouer en double avec Henri Leconte et Guy Forget. J'y ai pris beaucoup de plaisir, notamment grâce à la Coupe Davis, et surtout en jouant avec Henri. Nous étions complémentaires dans le jeu et l'esprit. Quand on était vraiment dedans, on était imbattables. Et c'était d'autant plus fort que beaucoup de gens essayaient de nous opposer alors que nous nous sentions unis. Bien sûr, nous étions rivaux, je voulais être numéro un et lui aussi, mais cela restait superficiel. Quand on se retrouvait loin des micros, c'était toujours avec plaisir. Nous n'avons jamais été fâchés. J'ai toujours envie de lui sauter dans les bras lorsque je le croise. On a gagné Roland-Garros en double en 1984. On a gagné la Coupe Davis à Lyon en 1991 alors qu'il était joueur et moi capitaine.

Avec Guy, nous avions également un gros potentiel, sauf que moi – je l'avoue –, je n'ai pas donné tout ce que j'avais. Pendant une saison, nous avons gagné tous les matches du circuit ordinaire, mais en grand chelem, dès que j'avais perdu en simple, je lâchais. Je n'allais pas au bout comme Guy aurait pu l'espérer. Une année, nous avons atteint la finale de Roland-Garros, mais je me suis écroulé au bout de deux sets, parce que j'étais cuit. Je l'ai planté en finale d'un Masters à Londres, parce que la veille du match, j'étais parti à Paris pour le mariage d'un copain et j'avais fait la fête toute la nuit. Heureusement, il ne m'en veut pas mais il me chambre souvent à ce sujet. Petite consolation: nous avons terminé numéros un mondiaux.

Roland-Garros, 1984. Victoire en finale du double.

POUPIE ET AMÉLIE. J'aime aider les gens qui me sont chers à sortir ce qu'ils ont de meilleur en eux. Lorsque j'ai un doute par rapport aux mots à employer ou à la façon de s'y prendre, je pense aux êtres qui me sont les plus chers, mes gosses. Et là, je sais que je vais mettre l'attention, le cœur et le ton nécessaires. Au printemps 2005, je suis allé encourager Poupie (Eleejah), ma deuxième fille, dans une compétition de gym, à Moissy-Cramayel en Seine-et-Marne. Quand elle s'est élancée, papa était très angoissé. Elle était livrée à elle-même, seule face à sa barre. Comme tous les parents, j'étais liquéfié, terrorisé. Mais elle a réussi son enchaînement, son saut et sa sortie. Elle a salué son public et repris sa position initiale. Un enchantement. Habituellement, elle est plutôt tendue mais, ce jour-là, elle s'est retournée vers nous avec son plus beau sourire. Cela valait bien pour moi une victoire en Coupe Davis.
Tout ce que je fais, c'est pour savourer ces instants de bonheur, où l'athlète, ayant réussi son défi, se retourne vers moi et sourit.
On a dit beaucoup de choses sur ma collaboration avec Amélie Mauresmo. Amélie a eu envie de jouer au tennis le jour où elle m'a vu gagner à Roland-Garros. Elle m'a vu embrasser mon père. Alors, elle a pris une raquette et s'est mise à jouer. Quand, vingt ans plus tard, elle m'a dit : « Yann, j'aimerais que tu m'accompagnes pour Roland-Garros », que me fallait-il de plus pour accepter ? L'histoire est si belle ! Le reste n'a pas d'importance. Et même si le résultat n'est pas venu dans la foulée, qui sait ce que cet intermède dans notre vie nous aura apporté ? On a rêvé ensemble, on a parlé ensemble, on a été bien ensemble… Tout simplement.

Amélie Mauresmo à Flushing Meadow en 2005.

Un jeune garçon qui s'offre l'occasion unique de se jeter dans les

bras de son père, et de lui dire en pleurant : « Papa, je t'aime ! »

Noah: un de
Portes à la
Soir

Grenoble, 1982 : un petit déjeuner joyeux avec Patrice Hagelauer.

1983

J'ai toujours du mal à évoquer ma victoire à Roland-Garros. Sur le Senior Tour, on nous parle souvent de notre gloire d'antan. Pour moi, tout ça, c'est fini. Laisser le passé derrière soi sans regret est le seul moyen d'avancer. Ce n'est pas toujours facile. Quand je rentre sur un court, à 40 ans passés, pour disputer un match de vétéran, et que j'entends : « Veuillez accueillir Yannick Noah, il a gagné Roland-Garros, il y a vingt ans ! Il a gagné vingt-trois tournois ! », j'ai envie de répondre : « C'est très bien tout ça, sauf que… ce n'est plus moi. »
À tous les anniversaires marquants de ma victoire, s'abat une avalanche de demandes d'interviews. Des journalistes veulent que je raconte, encore et encore… À quelques rares exceptions près, je refuse l'invitation. Ça me saoule. Ce qui ne veut pas dire que je crache sur mon passé. Bien au contraire. Il est évident que je ne serais pas ce que je suis aujourd'hui sans cette victoire en finale de Roland-Garros face à Mats Wilander, comme il me l'a d'ailleurs fait remarquer un jour, fort subtilement, en me disant : « Te rends-tu compte de ce qu'aurait été ta vie, si je t'avais battu en 1983, et si j'avais perdu contre Henri Leconte en finale, en 1988 ? »
Je sais ce que ma victoire a d'exceptionnel. À chaque fois que je tomberai sur ces images, j'aurai les larmes aux yeux et des frissons dans le dos. Et je repenserai aux réflexions que je me faisais quand j'étais môme, et que je voyais Alain Mimoun pleurer sur les reportages de son marathon victorieux à Melbourne. Je me disais, fort injustement : « Vieux con ! » Parce que je n'avais pas de recul. Aujourd'hui, je sais que je serai sûrement pareil dans vingt ans, quand je regarderai ces images autrement. Je sais que les gens aiment bien les revoir. Même les gosses qui sont nés après éprouvent comme une sorte de fascination pour ce moment-là.
Ce qu'il y a d'émouvant dans cette victoire, c'est ce jeune garçon passionné et sensible qui, après tout un tas d'efforts, de plaisirs et de doutes, s'offre l'occasion unique de se jeter dans les bras de son père et de lui dire tout en pleurant et en l'embrassant : « Papa, je t'aime, je t'aime ! » Tout cela sous les yeux de la famille réunie, la famille « famille », la famille des amis, la famille du tennis, la France, le Cameroun, et ma copine du moment, Jill, associée pour la vie à cet exploit sportif qui m'a marqué au fer… Car la chute fut très dure après ces instants de pur bonheur. J'ai cru que jamais je ne m'en remettrais.
J'avais l'impression d'avoir gagné un bon pour tout et n'importe quoi, quels que soient mes actes, hors des critères habituels dont j'avais besoin pour marcher droit. J'avais rêvé d'une victoire à Roland-Garros comme du plus beau jour de ma vie, je me revoyais, adolescent, montant quatre à quatre les escaliers des tribunes et regardant le central vide, j'entendais presque les clameurs du public, même en plein hiver, et voilà que, trois jours après mon « triomphe », il ne restait plus qu'une énorme désillusion. J'étais projeté dans un monde totalement bidon. J'avais donc fait tout ça pour me retrouver couvert de tout ce que je détestais le plus au monde : les flatteries, les mensonges, les coups de brosse à reluire ?
J'ai pris ça en pleine figure. J'étais dans le même état que ces types qui touchent le jackpot et qui, au lieu de s'en réjouir comme la plupart des gagnants, sombrent dans la déprime. J'avais signé pour du grand bonheur, je me retrouvais avec une coquille vide. À partir de là, j'ai complètement changé. J'ai eu tellement peur ! Je me suis dit : « Il faut que tu te construises une vraie belle vie. » Je me suis marié, j'ai eu des enfants, je me suis lancé à fond dans l'associatif, avec les Enfants de la Terre, puis Fête le Mur. Et c'est grâce à cela que je m'en suis sorti.
L'originalité de ma victoire à Roland, c'est d'avoir ouvert une brèche, d'avoir cassé un pathos. Je suis allé au-delà des références qu'on avait alors en France : Glasgow et les Verts qui perdent, la demi-finale de la Coupe du monde 1982, défaite tellement douloureuse contre l'Allemagne. Le dernier qui me parlait de victoire, c'était Marcel Bernard, vainqueur de Roland-Garros en 1946 ! Aussi, quand j'ai gagné, j'ai senti que j'avais fait quelque chose d'important. Et même avec le temps qui passe, je le sens toujours. Car c'est vrai qu'il y a une différence énorme entre perdre en finale et gagner le tournoi.
Tout cela s'explique difficilement avec des mots.

Au départ, c'est mon entraîneur Patrice Hagelauer qui m'a persuadé que je pouvais gagner Roland-Garros.
Hagel m'a motivé toute ma carrière.
Hagel est un passionné.
Hagel ne m'a jamais lâché.
Il était toujours là avant moi aux entraînements, toujours là après les entraînements. Il souriait tout le temps, parce qu'il n'était jamais aussi heureux que sur un court de tennis à transmettre ce qu'il savait. Il faisait partie intégrante de ma carrière, parce qu'il me tirait vers le haut. Je lui devais de donner tout ce

que j'avais sur chaque séance, sur chaque match. Le contraire aurait été lui manquer de respect.
Notre relation a toujours été claire. Jamais d'embrouilles. À ce moment de ma carrière, nous étions totalement en accord. À l'époque, je ne m'entraînais pas souvent avec des *sparring partners*. Je ne jouais qu'avec Hagel, on faisait tout ensemble, depuis les échauffements du matin jusqu'au dîner. On passait de vrais moments ensemble.
Je venais de changer de raquette. Grâce à son tamis agrandi, j'éprouvais de nouvelles sensations. À l'époque, physiquement, je mangeais tout le monde ! J'étais animal. Grâce à la qualité du travail que je fournissais, je découvrais des sensations physiques inconnues, assez incroyables. C'est marrant parce que, à l'époque, pas mal de gens pensaient que j'étais fragile et pas sérieux dans ma préparation. Ils ne savaient pas qu'un athlète ne peut pas envisager sereinement un grand titre s'il n'a pas le sentiment d'avoir réalisé la meilleure préparation possible. Sans travail, pas d'intime conviction. Sans intime conviction, pas de confiance. Sans confiance, pas de sérénité. Sans sérénité, plus de maîtrise technique au moment important. À l'époque, les gens se fichaient complètement de cet aspect de la victoire, pourtant élémentaire : la préparation. Pour eux, c'était secondaire, voire ennuyeux. On préférait me brancher sur ma Ferrari.
Cela les arrangeait un peu de m'envoyer des petites piques quand c'était possible. J'étais le jeune, pas blanc « blanc », un peu arrogant, qui faisait la bringue dans les boîtes de nuit parisiennes, dans une France de 1983 assez raciste.
La question du racisme revenait souvent. Est-ce que je me sentais noir ou blanc ? français ou camerounais ? Je répondais : « Je vois tout cela avec un petit peu de recul », mais il est vrai que je jouais aussi sur ce ressort-là. Sur ma différence.
Je portais des tresses, une espèce de «balai de chiotte». J'ai d'ailleurs conservé précieusement les nombreuses lettres d'insultes que me valut cette coiffure. C'était une curiosité. Mais heureusement, six mois avant, j'avais disputé à Grenoble la finale de la Coupe Davis contre McEnroe et les siens. La première depuis le temps des Mousquetaires. Et quand on a commencé à gagner pour la France, on nous a beaucoup pardonné. Un certain respect se dessinait parce que j'étais tout simplement le meilleur joueur de tennis français. À l'époque, je ressentais tout cela, mais à ceux qui me critiquaient, je répondais dans mon for intérieur : « On se retrouvera après. »
Bien sûr, je percevais le scepticisme chez tout le monde mais je n'y répondais pas, car ma véritable motivation était de gagner Roland-Garros. Et j'allais le faire pour mes amis, pour ma famille et pour mon coach.
J'ai mis la barre plus haut que les autres parce que j'en avais marre de voir les Français toujours pleurer. Pleurer de dépit, avec cette cruelle impression que c'était écrit qu'on allait perdre ! J'en avais marre de voir le ballon passer à côté de la cage, la balle de break du Français retomber du mauvais côté. En tennis, on était servi avec la génération précédente ! C'est simple, ils ne gagnaient rien. J'en avais assez. Assez de cette image de losers. Je voulais être le joueur français qui gagne. Alors, j'ai adapté ma technique à mes qualités physiques, mais ce n'était pas grand-chose à côté de mon énergie et de ma volonté.
Le premier vrai test s'est présenté en quart de finale. Contre Lendl, tard le soir sur le central.
Cela se passait plutôt bien jusqu'au moment de gagner où j'ai éprouvé soudain un gros stress. Parce que je me disais que ça allait être aussi facile que lors des tours précédents. Et qu'après je jouerais contre Christophe Roger-Vasselin qui avait battu Jimmy Connors dans l'après-midi. L'espace de quelques secondes, je me suis vu en finale. Le temps que cette fugitive vision me traverse l'esprit, je me suis retrouvé au quatrième set, que j'ai gagné 6-0. Mais la fin du troisième set, quel supplice ! Heureusement, j'avais un avantage sur Lendl : il avait peur de moi. Il avait peur de qui j'étais.
Lendl était le seul type que je n'aimais pas sur le circuit, d'autant qu'il avait pris la fâcheuse habitude de me précéder au classement. Je déployais une énergie qui le déstabilisait : il savait que je ne l'aimais pas. Et je ne l'aimais pas parce qu'il était « le » joueur politiquement correct. Or, je détestais déjà tout cela. Cela m'insupportait de voir des spectateurs et des journalistes le prendre pour exemple.
Quand je l'affronte, j'ai plus envie de le battre que les autres. J'ai le sentiment de me battre pour le parti des anti-politiquement corrects de la terre, pour tous les Noirs, les pauvres, pour les gentils contre les méchants.
Mais revenons au match, c'est vrai que, contre Lendl, j'ai eu peur. Plusieurs fois, je me suis dressé face à lui, l'air de dire : « Je suis chez moi, mon gars ! », comme pour me donner des forces supplémentaires. Je défendais mon territoire comme un

fauve. Au troisième set, j'ai obtenu deux balles de match et perdu le set. À ce moment, j'étais tétanisé. Je n'étais pas fatigué. Lui était mort. Il a servi une espèce de deuxième balle minable. Il est monté au filet comme ça, genre « j'y crois plus, je ne me bats pas jusqu'au bout », comme il faisait souvent. J'ai retourné. Il a fait une volée, bonne.
J'ai pensé : « Si je perds ce match, je meurs ! »
Je suis sorti du court, vainqueur en quatre sets.
À ce moment-là, je savais que j'allais atteindre la finale car je n'envisageais pas de perdre contre Christophe Roger-Vasselin. On se connaît bien. Je regrettais d'avoir à le battre car nous étions tous les deux en plein rêve. Mais l'un de nous devrait s'arrêter, et ça ne pourrait pas être moi. Christophe était cuit dur avant d'entrer sur le court. Il a répondu à toutes les sollicitations pendant un jour et demi : il n'était que l'ombre de lui-même. Il m'a livré un non-match.

En finale, mon adversaire était Mats Wilander. Tout a déjà été dit. Ou presque... Personne ne peut m'infliger cette torture de revoir la finale entièrement. Parce que c'est trop long. Pour un ou deux points qui me font marrer, il y a tellement de temps morts que ça me saoule ! Je ne peux pas. Je ne l'ai jamais revue du début à la fin. Il y a un truc qui m'en empêche, ça jouait tellement mal ! En revanche, je suis frappé par l'énergie que j'ai déployée. Elle sort de moi par tous les pores de ma peau. Trois sets durant, chaque point gagné, c'est le poing serré.
C'est trop ! L'exaltation qui émane de ma personne va au-delà de l'envie de gagner. Je suis dans un état second. Pourquoi est-ce que je ne rate pas cette balle importante ? Parce que tout mon être est tendu vers cet objectif. C'est basique, mais poussé à l'extrême cela devient presque un art, et ça marche.
Qu'est-ce qui fait que moi, je la mets dans le court et pas l'autre ? Parce que j'en ai plus besoin que lui. J'ai l'impression que je suis capable de mourir pour ça. Sur chaque frappe, je me dis : « Tu gagnes ce point car il n'y a pas d'autre option. » Et quand je la rate : « Ce n'est pas grave, je gagnerai le prochain »
Quand je suis entré sur le court, mon sentiment était que, avec la qualité de ma préparation et le peu de force que j'avais laissée tout au long du tournoi, je pouvais tenir douze sets. Mais la tension était telle – avec cette déperdition d'énergie entre les points – que les douze sets se réduisaient à cinq, voire à trois sets de véritable autonomie ! Je commençais à ressentir – et c'est un truc qui ne m'est jamais arrivé, ni avant, ni après – des débuts de crampes de stress. Si je m'étais détendu, j'aurais joué plus relâché, j'aurais plus dominé les échanges, et par conséquent moins souffert physiquement et moralement.
Je jouais horriblement court, j'arrachais chaque geste à mon corps de béton.
La tension est venue de ce que, dans le stade, personne n'y croyait vraiment. Les gens étaient contents que je sois en finale, mais ils ne voulaient pas s'exposer à la déception d'un éventuel échec. À l'époque, on pensait : « La finale, c'est déjà ça ! C'est déjà bien... Après, c'est du bonus ! » C'est précisément cela qui me révulse !
Les gens disent qu'ils y ont cru, mais ils y ont cru... après ! On se souvient des « cinquante millions de Noah », en fait, les « cinquante millions de Noah », c'est moi qui les portais à bout de bras pendant une heure et demie et qui leur disais : « Venez avec moi, j'y vais ! Vous ne vous en rendez pas compte, mais je vais gagner ! »
Je ne me souviens plus très bien de ce dernier tie-break du troisième set contre Matsou. Il y a eu un point au début du jeu décisif que je revois quand même, où il m'a fait une série de quatre passings : un coup à gauche, un coup à droite, et à un moment où j'étais bien sur la balle, où j'aurais dû terminer le point, j'ai mis la raquette devant, et j'ai fait une espèce de bois, il m'a remis la balle, j'ai perdu le point, et là, j'ai réalisé combien j'avais laissé d'énergie pour un seul point, perdu...
Mais, bon, j'en ai terminé finalement en trois sets. Et là, je lui ai pourri la poignée de main. Je me suis excusé cent fois depuis auprès de Mats. J'ai écarté Yves Dahan, un copain, qui s'était jeté le premier sur moi sur le court, j'ai regardé dans la direction de ma famille. J'ai vu maman, mes sœurs Natal et Zaza, et papa qui a sauté. À un moment, je me tenais le ventre. Les gens me bousculaient.
« Cassez-vous, laissez-moi ! » Quelqu'un criait : « Laissez-le ! » J'implorai : « Cinq minutes, s'il vous plaît ! » Tension extrême.
Voilà... Après, la remise de la coupe, le discours – je me souviens d'avoir remercié ma famille, la Fédération, le Cameroun, mais j'ai oublié Mats –, la conférence de presse, l'émission de télé, « Stade2 » à l'ancienne, dans le village des VIP.
« Un champion de Roland-Garros se doit d'aller à Wimbledon », m'a dit Gérard Holtz. « Un champion de Roland-Garros se doit de rien du tout », j'ai répondu.

GIO
INI
YO
RIX
VIRGIN

BNP
LACOSTE

HITACH

L'EXPRESS

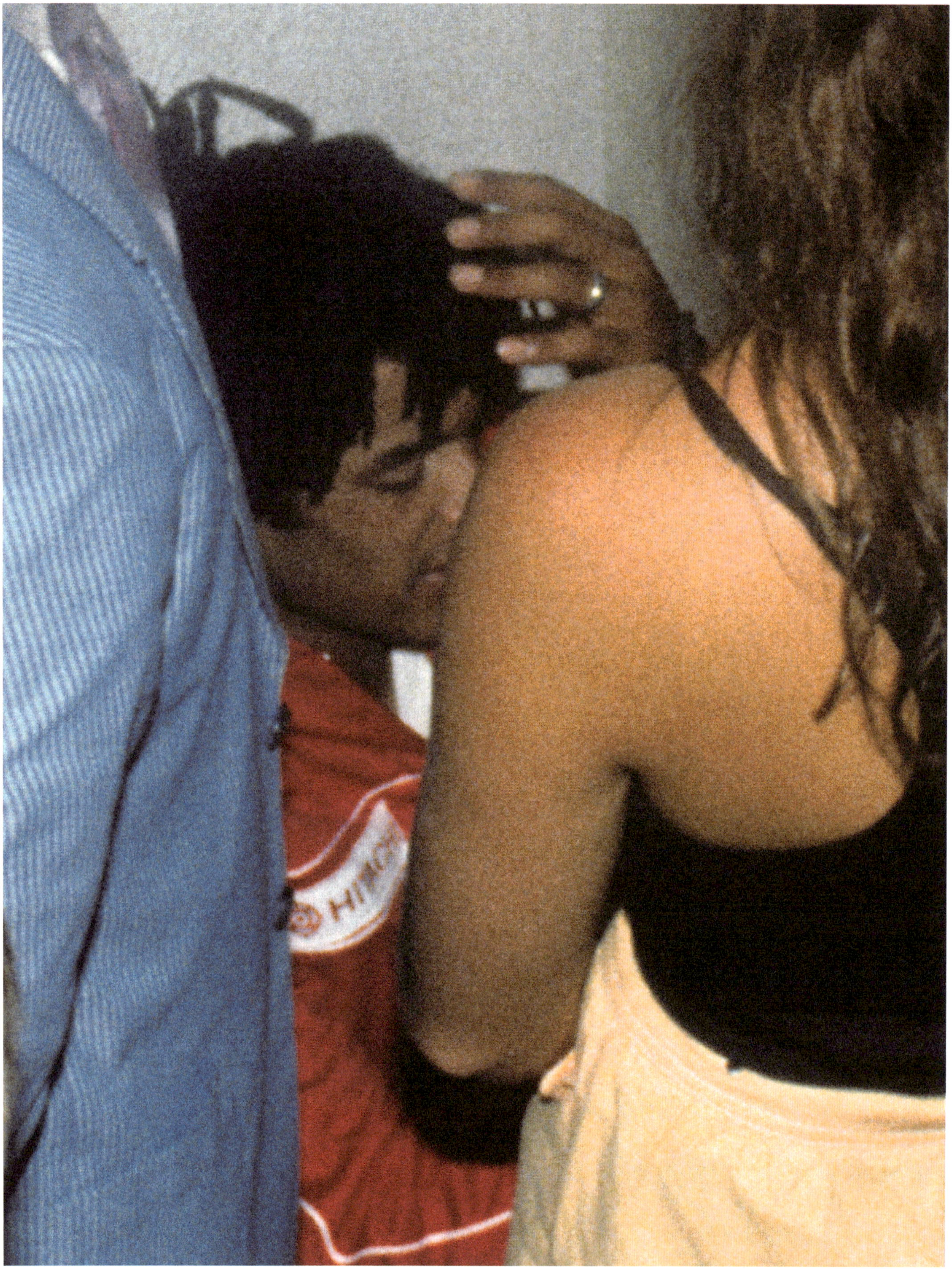

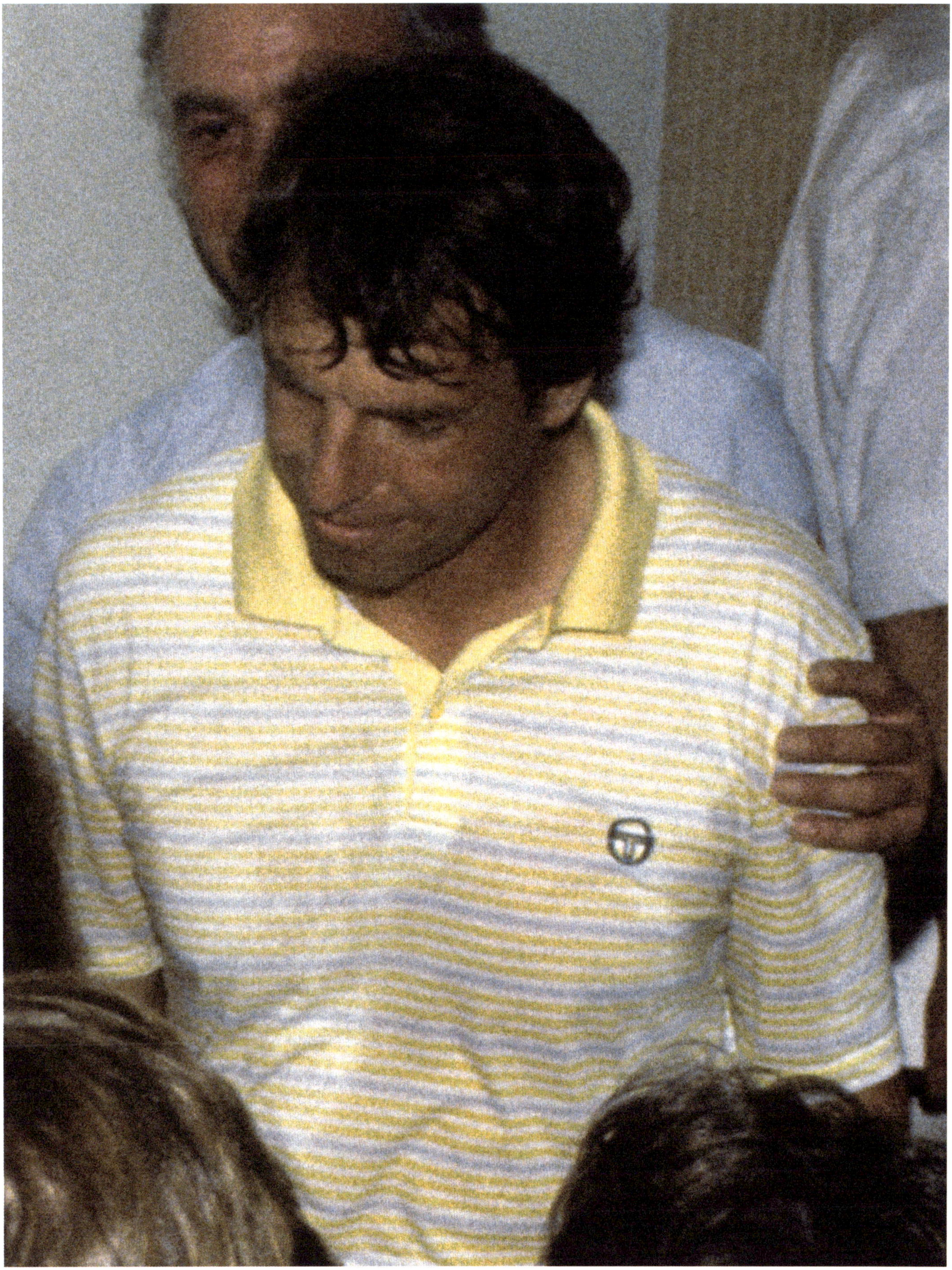

Nainville-les-Roches où j'habitais à l'époque. Mes copains avaient anticipé ma victoire : les instruments étaient déjà installés avant la balle de match. Une soixantaine de personnes étaient conviées, on s'est retrouvés à cinq cents !

6 juin 83

Madame Noa (mère)

Nous avons regardé hier le tennis avec intérêt. À partir de maintenant vous devriez conseiller à votre fils pour être plus représentatif pour les français, de se couper les cheveux à la brosse. Non pas toutes ces ficelles qui pendent sur le visage. Ça ferait plus propre, et il serait beaucoup plus à l'aise pour disputer les compétitions.

Mes amitiés

[redacted]

ELEPHAN 611915F
157 0014
ITT TLX OPR U UI
ELEPHAN 611915F

M

NEW YORK, LE 5 JUIN 1983

A MR YANNIK NOAH
AUX BONS SOINS DE L'AMBASSADE
DE COTE D'IVOIRE
102 AVENUE RAYMOND POINCARE
75016 - PARIS

MON CHER AMI, EN VOYAG
D'APPRENDRE VOTRE MAGNIFIQUE VIC
ROLAND BARROS A PARIS. CETTE VIC
PARTICULIEREMENT HONORE L'AFRIQU
BRILLANTS ENFANTS PARVENIR AU SO

JE VOUS ADRESSE MES TR
LE SOUHAIT TRES VIF DE POUVOIR L
SERRER LA MAIN A MON RETOUR DES
PASSAGE A PARIS AUX ENVIRONS DU

JE VOUS DONNE L'ACCOLA

ELEPHAN 611915F.....
ABOVE VIA ITT JUN 05 1983 1817

---

3 Juin

Cher Monsieur.

Bravo pour le merveilleux spectacle que vous nous donnez. Vous êtes un grand champion et nous sommes fiers de vous.

Vous avez opté pour la nationalité française ; par pitié, nous vous le demandons coupez les crottes que vous avez sur la tête. Et puis c'est beau au Cameroun mais pas ici. Il faut choisir et s'y tenir.

Sans rancune.

Bordeaux le 19/6/83

Mr Yannick NOAH

Monsieur,

Moi Georges [redacted] de mon nom sacerdotal, Serviteur du Dieu Vivant Saint Béni Soit Il, suis mandaté pour vous offrir la paix.

Dieu connait toutes vos oeuvres, les officielles et les cachées. Un de vos actes qui a particulièrement déplu c'est votre accord secret lors du match a Rolland Garros avec J.C. Vasselin.

Je vous laisse mon no de CCP et vous jugerez vous même le prix que vous devez payer pour racheter cette faute.

CCB 1417046 PARIS.

[redacted]

6/6/83

CIEL AUX USA, JE VIENS
AU TOURNOI DE TENIS DE
QUI ME REJOUIT
VOIT AVEC FIERTE UN DE SES
U TENIS INTERNATIONAL.

LEUREUX FELICITATIONS AVEC
E DE VIVE VOIX ET DE VOUS
UNIS ET LORS DE MON
N.

ECTUEUSE D'UN PERE

FELIX HOUPHOUET BOIGNY
PRESIDENT DE LA REPUBLIQUE
DE COTE D'IVOIRE.

AMBASSADE DE COTE D'IVOIRE EN FRANCE

SALE NEGRO ! UN PEU DE MODESTIE
TU SERAS BATTU AU PREMIER TOUR

ORTS JDD-17

TENNIS : Vainqueur de Wilander vendredi, il dispute aujourd'hui la finale de l'Open de Hambourg

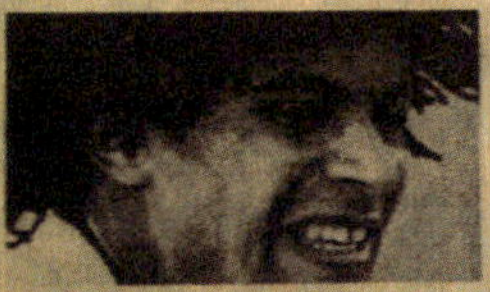

NOAH : « JE PEUX GAGNER ROLAND-GARROS »

Pour plu…
Dus…

Le télégramme est identifié à l'aide des indications portées, dans l'ordre ci-dessous, avant le texte du télégramme. L'heure de dépôt est indiquée par un nombre de quatre chiffres.

ORIGINE	NUMÉRO	NOMBRE de mots	DATE de dépôt	HEURE de dépôt	MENTIONS DE SERVICE
P. bourse	TVC586	31/71	21	17.39	

MR, devant votre succès en finale
des internationaux d'Italie à Rome acqui[s]
spectaculaire et incontestable Je vous adresse
plus vives félicitations et ne doute pas qu[e vous]
serez encore une fois heureux en terminant [le]
prochain tournoi de Roland Garros pour le[quel je]
vous souhaite la plus grande réussite

Je vous prie de croire, Monsieur en [l'assurance]
de mes sentiments les meilleurs.

J. CHIRA[C]

Pour toute réclamation concernant ce télégramme, présenter cette formule au bureau distrib…
VOIR AU VERSO la signification des principales indications qui peuvent éventuellement f…

3.

2.

Le 17-07-83

Yannick,

Je ne te connais pas, ou si peu ---
Et pourtant, depuis quelques temps déjà, j'ai envie de te parler. Oui, de te parler, tout simplement !
Etrange, n'est-ce pas, qu'un ou plutôt qu'une inconnue s'adresse à vous, comme ça, parce que, tout simplement, elle en a envie !
A cette différence près cependant, que vous, vous ne lui êtes pas tout à fait inconnu.
Ceci dit, peut-être trouveras-tu cette initiative complètement farfelue (je crois qu'elle l'est !), mais c'est si important pour moi et je désire tant te faire partager ce que je ressents ---
Alors, --- --- Si tu veux bien "jouer le jeu" et lire ces quelques lignes --- --- Merci !

Avant tout, je voulais te féliciter pour ta formidable victoire à Roland-Garros. [J'aurais aimé t'écrire plus tôt mais Baccalauréat oblige, alors ---]. Cette victoire est sûrement déjà loin pour toi ; l'euphorie et l'émotion du moment ont sans doute diminués, mais cela n'en restera pas moins une fantastique performance !

… je dois

ZCZC TPI642 156 1751 PAU854 IAU508
PARIS8 16/10 5 1751

URGENT
MONSIEUR YANNICK NOAH
ROLAND GARROS
PARIS100/PARISNUIT

NOUS BUVONS LE CHAMPAGNE DE LA VICTOIRE
FAMILLE MANU DIBANGO

COL PARIS100/PARISNUIT

SERVICE TE…
TELEX

New York
CITY

953 CXW 75

Le pont de l'Alma

1983. J'avais gagné Roland-Garros. J'étais une célébrité. J'avais l'impression que ni moi, ni les gens qui m'entouraient n'étaient réels. J'étais enfermé au musée Grévin, mais les statues et le public étaient en mouvement. C'était un vrai cauchemar. J'étais devenu un sinistre pantin, et je ne savais plus où le gars normal que j'étais était passé. J'avais besoin d'être seul. Peut-être que je le retrouverais…

Je marchais en direction de la Seine. J'étais très mal quand j'arpentais le pont de l'Alma. Toutes sortes de questions envahissaient ma tête vide : « As-tu tant travaillé pour obtenir ça ? C'était donc ça que tu voulais ? Pour faire quoi ? » Je trouvais que la vie n'était pas très fair-play avec moi. Quelle dérision ! C'était bien la peine d'être tellement entouré !

C'est alors que, dans l'obscurité, j'ai aperçu une vieille femme sans abri. Je me suis approché d'elle, prêt à lui donner tout ce que j'avais dans les poches. Il était tard, il faisait noir, j'étais paumé. Elle a eu peur de moi et elle a hurlé : « Fous le camp ! » L'idée de suivre son conseil, de basculer de l'autre côté de la balustrade m'a traversé l'esprit. Par ici la sortie… Ce n'était pas la première fois qu'une idée pareille venait me hanter. Je pense à la mort tout le temps. C'est pour cela que j'aime tant la vie.

Paris, mardi 6 décembre 1983. « Conférence de stress » : j'annonce mon départ pour New-York.

Le jour où j'ai dit : « C'est la fin… »

Quand j'étais quatrième mondial, au début de 1986, je travaillais avec une sophrologue. Au détour d'une séance, elle m'a fait remarquer : « Tes moments de "repos", entre les tournées, je pense que tu les gères mal ! L'exemple en la matière, c'est Ivan Lendl. Regarde : il joue au golf pour se relaxer (je détestais le golf à l'époque). Il respecte des entraînements physiques bien planifiés en termes d'intensité, il dort normalement, il reste chez lui et fait du vélo dans sa chambre… Si tu en fais autant, tu as une chance, toi aussi, de devenir numéro un. »
J'ai réfléchi longuement, puis j'ai répondu doucement : « Je ne le ferai pas ! »
« Bon, eh bien, je crois qu'on a fini… », m'a-t-elle répondu.
« Oui, en effet, c'est la fin… »
Je n'en ai jamais éprouvé le moindre regret. On m'a souvent reproché de ne pas être allé « au bout de mes possibilités… » Mais si, j'y suis allé. Le bout de mes possibilités, c'était ça. Il ne se mesure pas en termes de résultat, mais dans ce que l'on est capable de donner pour obtenir ce que l'on veut. Je ne voulais pas faire ce qu'il fallait pour dépasser mes concurrents directs, donc j'étais au bout de mes possibilités.
C'était au-delà de mes forces. Je ne pouvais pas me résoudre à m'enfermer dans ce mode de vie ! Ma vie, à ce moment-là, je l'aimais beaucoup. J'adorais les périodes où j'étais à fond dedans, prêt à tout bouffer, mais j'éprouvais aussi un besoin impérieux d'aller voir ailleurs…
En tennis pur, il y a eu des étapes où j'en faisais beaucoup plus que tout le monde, mais d'autres, je le concède, où j'en faisais beaucoup moins ! C'était juste un manque de motivation. J'éprouvais parfois à l'égard du tennis un sentiment de rejet. Cela m'a valu bien des critiques, mais peu importe. Dans les deux cas, j'étais sincère.
Le cours de ma vie ressemble à des vagues, qui arrivent et se retirent. Je bois, je fume, je sors, je me couche tard, et puis, à un moment donné, j'entame un jeûne, je mange des graines pendant un mois, je bois de l'eau… Et ce, depuis toujours, et pour toujours, j'imagine. Tel est mon rythme. Chacun a le sien. Il me semble important de le sentir et de le suivre.
Si des gens considèrent ma carrière de champion comme inachevée, moi, du fond du cœur, je sais qu'elle m'a révélé à moi-même. J'ai appris à me connaître à travers les tempêtes.
Quand on m'a laissé entrevoir la possibilité d'une carrière internationale de chanteur, j'ai refusé. Et je sais pourquoi. Je ne voulais pas quitter ma famille, ma maison pendant six mois. Cela ne m'intéressait pas de m'enfermer pendant trois mois dans une chambre d'hôtel pour écrire des textes, même si, parfois, l'envie me traverse furtivement l'esprit, tout comme cela ne m'intéressait pas d'être numéro un mondial, alors que, de temps en temps, cette place me semblait accessible.
C'est le destin qui m'a guidé. Le seul tournoi du grand chelem que j'ai gagné, ce n'est pas en Australie ou à New York, où ma victoire serait peut-être passée inaperçue, mais à Paris. C'était chez moi. Il y avait tout le monde. Toute ma famille, tous mes amis. Il ne manquait que les Camerounais.
Mais je vais me rapprocher d'eux.
À présent, je le sais.
C'est normal.
C'est le chemin…

Cette photo a été prise en 1993, dans le couloir qui mène au central de Roland-Garros, pour l'anniversaire des dix ans de ma victoire.

L'ex-taulard et le camionneur

Quand on parle de mon « succès » de chanteur, on dit souvent: « C'est l'effet Roland-Garros. » Bien sûr, mais il n'y a pas que ça. Il y a un ou deux ans, je croise dans la rue un ex-taulard qui m'avait vu lors d'un concert en prison. Il me donne une poignée de main superchaleureuse puis, sans lâcher la main que je lui ai tendue, il me dit d'une voix ferme, mais avec beaucoup d'émotion dans le regard: « Putain, Yannick, ce que vous avez fait ce jour-là, toute ma vie, je m'en rappellerai ! C'était super ! Merci ! » Et levant le pouce tout en hochant la tête, il ajoute: « Vous êtes un mec comme ça ! »
Quand il est parti, j'étais sonné.
On ne peut pas éteindre ça.

J'ai des souvenirs vieux de vingt ans… Je suis arrêté au feu à la Porte d'Orléans au volant d'une belle voiture. Un camionneur arrive à ma hauteur. C'est un gars qui bosse, il n'est pas là pour se marrer. Il porte une espèce de débardeur, il a l'air fatigué de quelqu'un qui arrive de très loin. Et moi, légèrement en contrebas, frais et dispos, je le regarde machinalement. Je suis le joueur de tennis hyperprivilégié, insouciant, qui écoute de la musique, tranquille, en pensant à toutes les bonnes choses qui l'attendent. Le gars me klaxonne et, joignant un geste énergique à la parole, me crie: « Allez, Noah, du courage ! »
« Courage ! » Ce gars-là me dit à moi: « Courage ! »
« Merci, mec ! Mais courage à toi, surtout ! »

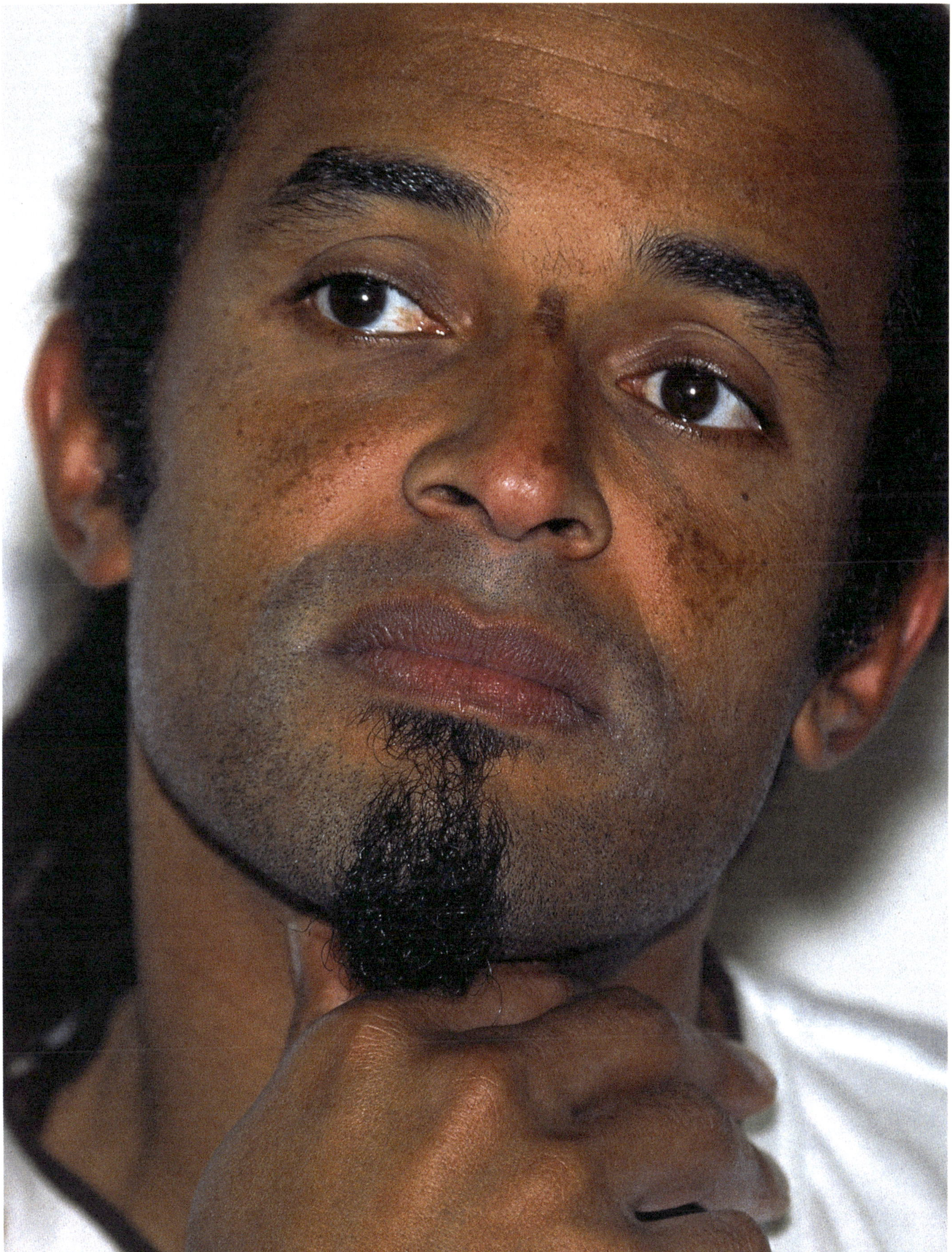

Ce jour-là, pour la première fois, j'ai senti qu'unir des

gens différents était possible. La victoire rassemble.

BOSS
NEC

NEC
EBEL
OPEL

Au service de l'équipe

Mes expériences en Coupe Davis en tant que capitaine m'auront apporté les moments les plus forts de ma carrière. Plus encore que ceux qui ont marqué mon parcours de joueur.
Pour aller au bout de ce qu'on est capable de faire dans des situations aussi cruciales qu'une finale de Coupe Davis, il faut être léger sur le terrain. Ni doutes, ni mensonges, pas de non-dits, pas de rancœurs étouffées. Rien ne doit polluer l'univers intérieur du « guerrier » au moment de la compétition. J'aime bien le terme « guerrier » appliqué au sport de haut niveau. Il m'évoque les peintures de guerre, l'énergie d'aller au combat, de donner tout ce que l'on a, jusqu'à la mort.
Dire les choses en face, calmement, à son miroir ou à son entraîneur est la meilleure façon de se préparer. Il y a des joueurs qui ont du mal à passer par là, mais il arrive un moment où cet échange devient capital. Il faut alors que ce soit clair entre l'entraîneur et l'entraîné. Quand je fais le bilan, je ne retiens que ces moments-là. Ces instants tout à fait hors norme qui ont permis aux joueurs de bien jouer en dépit d'une énorme attente de la part de l'extérieur, et de s'épanouir grâce à ça, plus tard, dans leur vie d'hommes.
La plupart des joueurs qui se sont éclatés dans notre groupe l'ont fait en se dépouillant de leurs idées reçues et de leurs complexes : ils ont su se mettre humblement au service de l'équipe, trouver en eux ce qu'ils avaient de mieux à offrir, et sortir de l'aventure en héros. Je suis absolument certain que si Arnaud Boetsch sauve les trois balles de match contre Kulti, dans le cinquième set, du cinquième match décisif, à Malmö, nous permettant de l'emporter quelques jeux plus tard, c'est que, au moment de disputer ce point crucial, il nous a tous regardés et il a senti qu'on l'aimait. Que quoi qu'il fasse, une double faute, un bois, une grosse connerie, peu importe, on serait avec lui jusqu'au bout. Et c'est parce qu'il a senti ça qu'il a pu terminer le match en virtuose. L'espace de quelques points hallucinants, il a atteint la perfection dans son style. C'était très beau à voir.

Toute l'équipe de la Coupe Davis à Lyon en 1991.

Coupe Davis à Malmö en 1996.

Cédric

Au départ, Cédric Pioline n'avait pas le profil d'un joueur de Coupe Davis car il était plutôt individualiste. Nos débuts communs avaient d'ailleurs été assez explosifs. Il est pourtant devenu un bon coéquipier, à la suite d'une série de chocs dont le plus fabuleux remonte à la demi-finale à Nantes la même année, lors d'un match décisif contre l'Italie.
Nous étions menés 2-1. Le public qui le soutenait normalement depuis le début s'est manifesté davantage, lui a fait sentir qu'il voulait le voir gagner. Cédric en a éprouvé une espèce de vertige. J'ai vu ce qu'il était en train de vivre. Personne ne s'en souvient, mais il a pleuré sur le court. Je n'avais jamais vu un mec pleurer parce que des gens l'encourageaient ! Il n'arrivait plus à marcher, ni à respirer. Il a perdu deux jeux de suite. C'était trop fort, ce qu'il a pris dans la gueule. Ça l'a cassé ! Une brèche s'est ouverte dans sa carapace, et quand ça s'est ouvert, il n'a rien compris. C'était fantastique. Et par la suite, comme il n'est pas idiot, il a laissé venir cette énergie en lui partout où il a joué, et s'en est servi pour progresser. Cela lui a permis de gagner le match qui nous a ouvert la porte de la finale.

24
KODAK 5030 PPC
25
KODAK 5030 PPC
26
KODAK 5080 PPC
27
KODAK 5030 PP
20
20A
21
21A
22
22A
23
23A
KODAK 5030 PPC
16
16A
17
17A
18
18A
19
19A
KODAK 5030 PPC

STAGE PRÉPARATION MONTREUX 9A
KODAK 5030 PPC

Un match se gagne lors de la préparation physique. Quoi de mieux qu'un entraînement dans le calme et la sérénité de la nature ? Guy Forget, Henri Leconte, Fabrice Santoro, Arnaud Boetsch, Olivier Delaitre, Patrice Hagelauer, Jean-Claude Perrin, Jérôme Bianchi… Ces jours-là, ils ont tout donné !

PRÉPARATION MONTREUX 91
KODAK 5030 PPC

Guy et Henri

Avec Guy Forget et Henri Leconte, c'est pour la vie. Je n'oublierai jamais notre stage de préparation à Montreux en 1991, notre aventure à tous, où nous avons, tous, tout donné. Je n'oublierai jamais la qualité de leur jeu pour battre les Américains. Leur attitude de vainqueurs sur le terrain. Leur courage quand c'était dur. Je n'oublierai pas leur regard interloqué au moment de la victoire. Quand Henri se jette dans mes bras, quand je relève Guy, allongé par terre après avoir battu Sampras dans le match décisif.

Je me souviendrai toujours de ces matches, balle après balle, balle de match après balle de match. Et le public de Lyon. Les spectateurs médusés. C'était nouveau, en France, tous sports confondus, de voir une équipe suffisamment gonflée pour penser qu'elle ne pouvait pas perdre !

Ce jour-là, et pour le bien du sport français, un verrou a sauté, ouvrant d'autres perspectives à plusieurs générations derrière nous. À partir de cette spectaculaire victoire, les athlètes français sont devenus moins frileux, beaucoup ont compris l'importance capitale de la solidarité dans une équipe, comme on peut imaginer la force d'une armée de guerriers prêts à mourir pour leur drapeau, leur bataillon, l'honneur de leur village, leurs valeurs : on peut se programmer pour ce que l'on veut. Du moment qu'on le veut. Du moment qu'on s'en donne les moyens. C'était ça, la leçon. C'était ça, l'intérêt du stage à Montreux : se persuader que nous étions très forts et solidaires.

Je crois bien que c'était la première fois – des temps modernes – qu'une équipe de France jouait ainsi face à des Américains, avec autant d'audace et d'agressivité canalisées. Nous étions sûrs de nous. Nous étions costauds. On y croyait. J'aurais pu leur chanter *Ose* :

« Pas de doute,
Pas de peur,
Tu peux avancer,
Fais ta route [...]
Tu peux essayer,
Alors tu peux tout changer. »

Coupe Davis, 1991. Ces instants-là sont les plus précieux de toute ma carrière. Je suis spectateur et acteur. Je regarde les matches. Je les vis.

RCI

J'ai vu Guy, Henri et les autres s'épanouir de jour en jour. C'était magique !

NEC

NOUS ÉTIONS POSSÉDÉS

FRANCE
FRANCE

Fabrice Santoro était remplaçant et le protocole ne prévoyait aucun trophée pour lui. Alors, au moment de la remise des coupes, je lui ai donné la mienne.

« Yann, allez, on fait la chenille… »

Au début, j'ai répondu : « Non, pas question. » Danser *Saga* au milieu du terrain (avec en plus un micro qui n'était pas du tout adapté !) : « Non, non », mais ils ont tellement insisté qu'on y est tous allés. On a fait « la chenille », comme ils disaient. Nous venions de remporter une des plus belles victoires du sport français du vingtième siècle, on n'allait pas se quitter comme ça. Alors, j'ai commencé : « Sa-ga », mais avant que ça ne sorte du micro, les gens ont répondu, avec un décalage d'au moins une seconde : «… Africa ! » Le genre de truc qui ne se fait jamais dans un concert. Et quand « Africa » m'est revenu aux oreilles, ça faisait déjà une plombe que j'avais hurlé : « Ambiance de la brousse »… Et ainsi de suite. N'importe quoi ! Tout le monde était décalé, on ne savait plus du tout où on en était, on essayait de suivre le rythme des gens dans les gradins qui tapaient dans leurs mains, mais on avait au moins huit jours de retard ! Et pourtant, c'était chouette et irréel. On aurait pu chanter *La Marseillaise* mais non, le stade entier a repris les paroles de *Saga*.
Si on avait voulu le programmer, on n'aurait certainement pas réussi ! Ce jour-là, pour la première fois, j'ai senti qu'il était possible d'unir des gens différents. La victoire rassemble.

De gauche à droite : Henri Leconte, Guy et moi dans les douches après le match France-États-Unis. / L'équipe au complet. / Les félicitations du président Chatrier. / Les coulisses de la victoire. / Avec Bamboule, la mascotte de l'équipe de France en 1991. / Avec ma mère et ma sœur Natal.

Le rêve de Philippe Chatrier, président de la Fédération française de tennis, à l'époque (en haut à droite) était de gagner la Coupe Davis. La victoire a réconcilié toutes les générations et toutes les familles du tennis français. Le cadeau était si beau qu'il y avait de quoi le partager avec beaucoup de monde et notamment les Mousquetaires. L'entrée de Jean Borotra dans notre vestiaire créa une immense sensation. Entre Chatrier et moi, cela n'a pas été toujours rose. Mais un jour, avec l'assentiment des joueurs, il m'a nommé capitaine de l'équipe de France, en me disant quelque chose d'assez rigolo : « C'est avec les anciens braconniers qu'on fait les meilleurs gardes-chasse. » C'était tout à fait juste.

FRANCE/ALLEMAGNE CD 96

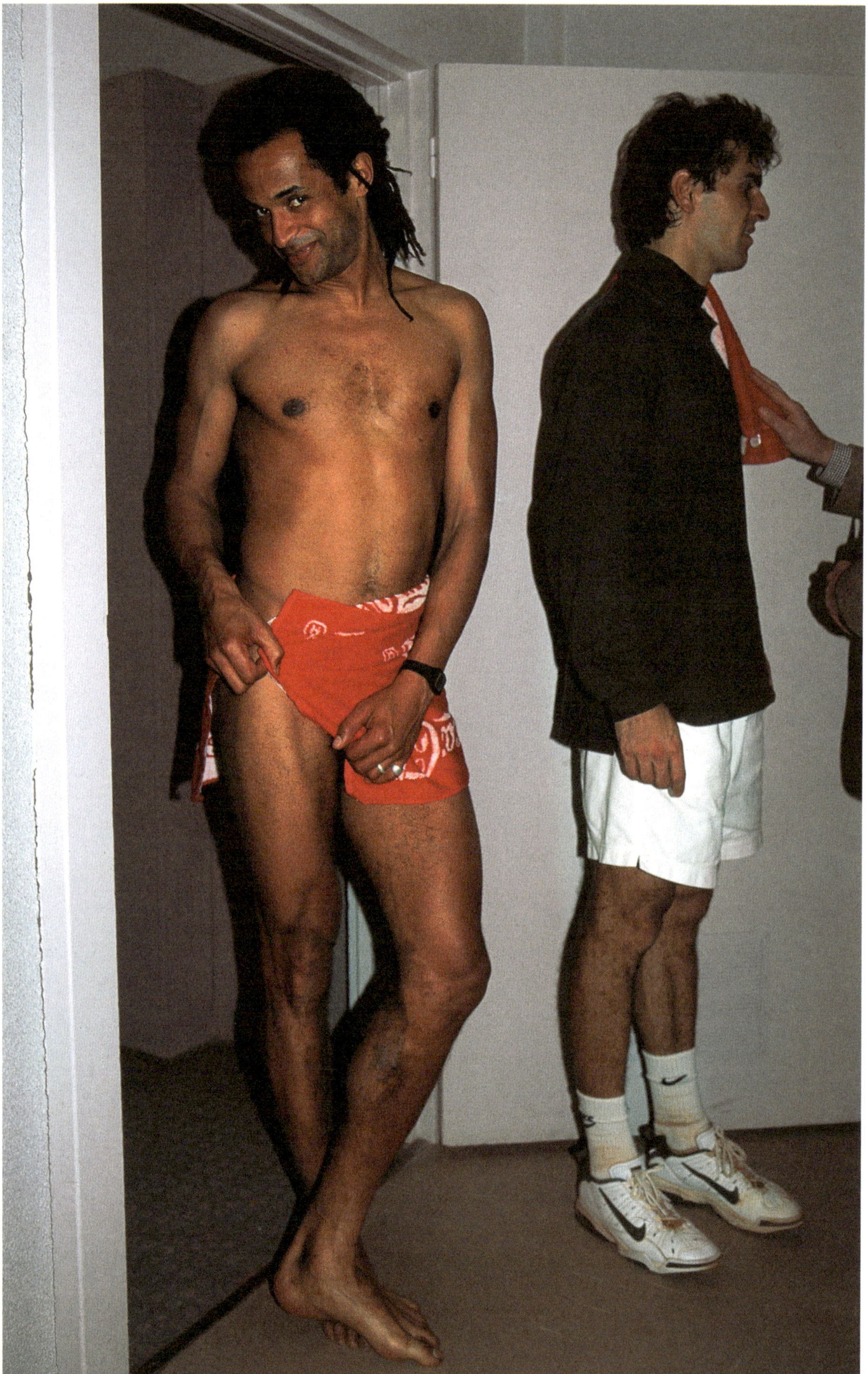

Avec Cédric Pioline, à Malmö lors de la Coupe Davis 1996.

Le passage

Je n'ai jamais considéré la Coupe Davis comme une fin en soi, mais comme une étape dans mon parcours. Mon but n'a jamais été de gagner une coupe, puis encore une autre, et ainsi de suite pour monter une collection de saladiers en argent dans le buffet de ma salle à manger.

Ce fut pour moi un moyen d'aller plus loin. Après avoir montré que j'étais capable d'atteindre le plus haut niveau en solo, j'ai prouvé que j'étais capable de mener une équipe à la victoire. L'idée de tenter le coup avec des filles me passionnait. Nous avons vécu une belle aventure en 1997, lorsque nous avons remporté la Fed Cup. Ensuite, mon ambition a été très claire, j'ai voulu retourner à la base et me servir du tennis pour améliorer le sort des jeunes dans les cités, en créant l'association Fête le Mur.

C'est l'occasion de fournir aux jeunes des moyens pour trouver leur voie, leur donner envie de s'organiser, de se dépasser, voire se surpasser. Nous avons des mômes issus des premiers sites que nous avons montés en 1995, qui avaient 10 ou 12 ans à l'époque, et qui aujourd'hui arbitrent à Roland-Garros, reçoivent un salaire, et même des distinctions pour leur mérite !

Mais je n'aurais pas pu passer directement du rôle de joueur à celui de responsable d'une telle association – dont les financements dépendent des instances politiques régionales, des grandes entreprises et aussi parfois de la Fédération française de tennis – avec tout ce que cela comporte d'énergie et d'influence à développer sans l'expérience de la Coupe Davis. Dire simplement : « Bonjour, je suis Yannick Noah, donnez-moi de l'argent pour construire un court de tennis dans les banlieues ! » n'aurait pas suffi pour assurer un succès à long terme. La Coupe Davis et la Fed Cup m'ont apporté une expérience de terrain indispensable.

Cela m'a renforcé dans ce que je pressentais, à savoir que lorsque tu as un rêve, si tu mets vraiment toute ton énergie dans son accomplissement, tu peux y arriver.

Mon challenge dans les cités m'excite toujours autant. Dix ans déjà ! Et dix-neuf sites qui fonctionnent dans tout le pays. C'est ce qui me donne envie de me lever le matin.

Maroc, 1995. Stage de préparation à la Coupe Davis.

Mes grands hommes

Les hommes dont je me suis inspiré au cours de ma vie ont su toucher des millions de personnes tout en restant dignes, humbles et pacifiques. Leur pensée était profonde et leur manière de l'exprimer toujours simple et claire. Ils ont tous réagi contre l'inadmissible. Martin Luther King fait depuis longtemps partie de mon Panthéon personnel. Il incarne à mes yeux le courage du plus faible qui se débat contre l'injustice, mais qui, une fois là-haut, dit : « OK, c'est dur pour nous, mais ne pensons pas à prendre des revanches, essayons plutôt de lutter ensemble. » Il n'était pas un révolutionnaire assoiffé de haine et de vengeance. « Pourquoi cette partie, la partie black de la population américaine, est-elle toujours écrasée ? Essayons de comprendre, essayons d'en débattre, essayons, tous ensemble, oppresseurs et opprimés, de changer les choses. »

Bob Marley. On entrait facilement dans son univers et, si on s'y plaisait, on finissait par avoir le sentiment d'en faire partie. Le portail de la maison de cette superstar internationale était toujours ouvert. Je trouvais ça incroyable, quand j'étais tout jeune. Plus tard, j'ai vécu cette expérience lorsque j'habitais en Touraine. Le mercredi, la maison était ouverte à tous les gamins du village qui pouvaient venir se baigner dans la piscine, pêcher dans le lac, jouer au ballon sur la pelouse. Cela me faisait superplaisir. Les gens hallucinaient, comme si ce n'était pas « normal ». Quoi de plus naturel ? Il n'y avait pas foule dans les environs, la maison était grande et paisible ; l'été, il faisait très bon.
« Les mômes, venez vous baigner ! » Au début, ils n'osaient pas. « C'est pour de vrai, leur disais-je, vous pouvez venir, il n'y a pas de problèmes ! » Ils rigolaient. Il y avait des bonnes ondes, le mercredi, à la maison, et qui restaient longtemps dans l'air.
Lorsqu'on lui posait des questions sur un sujet politique, Bob Marley avait une manière spirituelle de répondre : toujours un cran au-dessus. Au-dessus de la médiocrité, au-dessus des banalités. Juste au niveau de l'idéal. C'était pour moi le premier métis libre, cool, et hors la loi, dans le bon sens du terme. Sa musique m'a tenu lieu de cours de philosophie. J'étais allé le voir en concert au Bourget au début des années 1980. Nous étions tout un groupe d'amis, très loin de la scène, j'avais dansé toute la soirée avec ma copine sur les épaules. De bonnes vibrations nous entouraient. Fabuleuse soirée d'été. Je me souviens du jour où j'ai acheté un bracelet éponge rasta aux puces de Saint-Ouen. Vert, jaune, rouge. Je volais littéralement sur le court après. Il avait un pouvoir magique. J'étais Superman… Bob était le plus grand. Comme l'était pour moi Fela, que j'ai souvent vu chanter notamment en Afrique. Ses concerts étaient d'incroyables expériences mystiques.
Cassius Clay, alias Muhammad Ali, c'était le fou génial. Le gars que certains médias faisaient passer pour un dingue, alors que cet homme était extrêmement subtil. Parti de sa « blackitude » honnie par la société américaine des années 1960, il a réussi à s'imposer au monde entier comme individu et pas seulement comme boxeur. Malgré tous les bâtons qu'on lui a mis dans les roues, il s'est toujours montré d'une grande humanité. Il l'a cultivée autant qu'il a pu. L'humanité, c'est rester simple dans sa propre vie, tenir compte de l'autre, de sa détresse, de ses besoins.

Moins connu que Cassius Clay ou Bob Marley, Angelo Dundee a attiré mon attention par son incroyable don de « motivateur ». Il était l'âme derrière Ali, l'ombre d'un sage canalisant la furie d'Ali.
Que pouvait-il bien dire à un aussi grand boxeur qu'Ali ? Que pouvait-il transmettre au plus grand boxeur de tous les temps ? J'étais curieux de le savoir. Les mots qu'il trouvait pour gonfler Ali, pour le motiver davantage sont de véritables bijoux. Angelo Dundee parlait doucement, mais il parlait vrai. Dans un film intitulé *Fight* – le film du combat Hagler-Leonard auquel j'avais assisté à Las Vegas –, on entend sa voix dans le coin des boxeurs, entre les rounds. Dundee s'occupait alors de Leonard. J'aurais adoré être coaché par ce gars. Il y avait chez lui une telle subtilité – un mélange de passion et de vraie vie – qu'il arrivait à transcender ses boxeurs. En les regardant on voit qu'ils vivent leur combat, on sent monter l'adrénaline. Et on perçoit comment Dundee calmait son boxeur en contrôlant le flux, comment il lui faisait sortir le meilleur de lui-même au moment crucial du combat.
Motiver les gens. Les sortir de ce qu'ils croient être leurs limites est un art qui m'a toujours fasciné. J'éprouve également respect et admiration pour Phil Jackson, l'entraîneur des Lakers et des Chicago Bulls. Son langage était très spirituel, Jackson a du sang indien. Ce serait intéressant de savoir ce qui se passait dans son vestiaire. Pourquoi ces équipes de basket emmenées par cet entraîneur qui ne faisait, somme toute, que parler, ont-elles régulièrement gagné le titre NBA, et n'ont plus réussi à obtenir d'aussi bons résultats quand il les a quittées ?

Ce furent tous de grands hommes. Mes grands hommes. Des êtres qui n'ont pas passé leur temps à ressasser leur douleur, pourtant légitime. Qui ont voulu montrer le chemin de la paix, même s'ils étaient tous durs au combat.

Martin Luther King.

Bob Marley.

Phil Jackson.

Fela.

Angelo Dundee et Muhammad Ali.

Nelson Mandela.

Souvenirs d'Afrique du Sud

Quand je me suis rendu pour la première fois en Afrique du Sud, j'ai constaté que la différence entre ce pays et les autres pays d'Afrique résidait dans le fait que les lois racistes étaient écrites, noir sur blanc. Dans toutes les capitales africaines que je connaissais, le racisme était présent, avec des quartiers où il n'y avait pas un seul Blanc, d'autres où il n'y avait pas un seul Noir. Sauf que là, tout cela était « légal ». Et comme partout en Afrique, ceux qui travaillaient la terre ou exerçaient les métiers les plus pénibles étaient les Noirs et les patrons, c'étaient les Blancs.

D'entrée de jeu, j'ai constaté que, là-bas, j'étais… noir. J'ai été traité comme un Noir.

Tout le monde me disait : « Tu te rends compte, tu vas en Afrique du Sud ! », mais cela me passait au-dessus de la tête. J'ai eu un choc dès le premier jour, quand nous nous sommes rendus dans un restaurant du centre-ville de Johannesbourg, avec Jean-Paul Loth, Éric Deblicker et d'autres joueurs français. On s'est installés, on a passé la commande et soudain une dame s'est mise à hurler quand elle a découvert un Noir dans « son » restaurant. Nous avons dû partir et dîner à l'hôtel. Mais sur le coup, on en a plutôt rigolé. Nous nous sommes simplement dit : « Dans quel drôle de monde vit-on ! »

Seul importait mon match et je n'ai pas prêté attention à la manière dont j'étais traité. Seul Noir dans l'hôtel, un garde est resté en faction devant la porte de ma chambre toute la nuit pour surveiller mes éventuelles allées et venues. Je n'étais pas révolté. C'était pour moi une curiosité locale. Mais j'ai senti que j'ai déstabilisé beaucoup de Sud-Africains blancs quand ils ont vu que mon statut de joueur de tennis m'ouvrait la porte du « club des Blancs ». J'ai disputé mon premier match contre un joueur sud-africain, à Elis Park, dans un stade d'environ six mille places. Il y avait dans les premiers rangs une poignée de spectateurs blancs, environ cinq cents à peine, et dans un coin, en haut des gradins, un groupe de Noirs agglutinés dans un espace minuscule. J'entendais leurs encouragements même si autour d'eux des gardes les incitaient à maintenir le silence. Je n'avais pas encore en tête ma phrase fétiche : « Tu appartiens à ceux qui t'aiment » mais elle aurait alors pris tout son sens. Ce jour-là, j'ai joué pour eux. J'ai gagné deux matches et mes premiers points ATP. Je suis reparti dans la peau d'un Noir. Le Noir étant, en l'occurrence, celui qui souffre, celui qui est rabaissé, humilié, d'où ma sensibilité pour tous ceux qui subissent des injustices. Même si ce fut inconscient, avec le recul, j'estime que, compte tenu des circonstances et de ma faible marge de manœuvre, j'ai su conserver ma dignité.

Je suis ensuite retourné plusieurs fois en Afrique du Sud, notamment à l'occasion d'une rencontre avec Nelson Mandela. C'est un homme admirable parce qu'il a toujours défendu ses convictions, malgré vingt-sept années d'emprisonnement. Quand Mandela a été libéré, il a offert au monde une fabuleuse image de dignité. Son courage et sa constance dans la défense d'idées justes, sa générosité sont pour moi une source d'inspiration vivace.

Décembre 1997, visite de la prison où fut détenu Nelson Mandela.

Annie et Dizzy

Pour la plupart des gens, Annie Cordy, c'est *La Bonne du curé*. Point barre. Alors qu'elle a fait des choses incroyables dans sa carrière et dans sa vie : elle a tourné avec Lino Ventura, elle a mis le feu dans le monde entier. Il ne faut pas s'arrêter aux clichés. Annie est une femme exceptionnelle. Il est rassurant de rencontrer quelqu'un qui vit son métier avec tant de passion. « Cela existe, donc c'est possible, je me suis dit, j'ai raison d'y croire. »
Annie est une source d'inspiration, pour tous ceux qui travaillent dans le spectacle. La première fois qu'on l'a vue débarquer pour les répétitions d'un concert des Enfants de la Terre, elle a mis le feu ! Elle envoyait de l'énergie dans tous les sens, elle prenait tout en main, elle bougeait tout le monde. On était tous… comme réveillés en pleine sieste ! Il y a des moments où l'on se sent anesthésié par la routine, on est fatigué, on s'écoute trop et, tout d'un coup, on tombe sur quelqu'un comme elle ! Mince ! Alors, effectivement, Annie chante qu'elle « voudrait bien… Ouin ouin ouin… » mais elle est toujours là avec cette pêche d'enfer qu'elle transmet à tout le monde, après cinquante ans de carrière… C'est beau.

J'aime ces gens dont la passion est communicative, comme celle de mon ami Dizzy Gillespie que j'ai fréquenté dans les années 1980. Il n'arrêtait pas de courir le vaste monde à plus de quatre-vingts ans, avec de l'énergie à revendre. Quand on lui disait : « T'as pas envie de rester chez toi, peinard ? » il répondait : « Tu veux que je rentre chez moi, que je m'asseye dans mon rocking-chair sur ma terrasse, en attendant que la mort vienne me prendre ? Ça ne va pas ? J'ai envie de jouer… D'ailleurs, la semaine prochaine, je pars en croisière avec un nouveau groupe. Rien que des filles, je vais m'éclater ! »

Avec Annie lors d'un concert des Enfants de la Terre au Zénith de Paris en 2005.

Dizzy Gillespie avec Myriam Makeba.

Téléphone

Un jour, François Ravard, le producteur du groupe à l'époque, m'invite à un de leurs concerts. Ils jouaient au Zénith pour deux soirs. Je fais un petit tour en coulisses : « Salut, Yannick ! Bravo, c'est super ce que tu fais, bon, alors, on te défie au ping-pong ? » Ils emmenaient toujours une table de ping-pong avec eux. On échange quelques balles, ça se passe bien. Et puis, arrive l'heure fatidique et je les vois se marrer, juste avant de monter sur scène, comme une bande de gosses qui va faire un bon coup. Moi, j'étais en *backstage*, et je ne réalisais pas vraiment que, derrière, il y avait huit mille fans qui s'impatientaient. Le peu de temps que j'avais partagé avec eux, j'avais trouvé ça joyeux, ça rigolait, c'était sympa mais tout d'un coup, c'était l'heure du show. Je fais le tour de la scène, je m'installe et là, d'un seul coup, je vois tout ce monde, qui connaît toutes leurs chansons par cœur, et le concert me scotche littéralement. Ce qu'ils dégageaient sur scène par rapport à leur musique, et surtout l'échange avec leur public, c'était magique. Ça donnait vachement envie. Envie de faire de la musique, envie d'être avec eux. De ne jamais plus les quitter ! J'ai halluciné : cela doit être tellement bon de vivre ça ! Oui, ce jour-là, j'ai vraiment reçu un choc en pleine poitrine.

Le lendemain, je n'ai pas osé les rappeler. Je suis simplement allé m'acheter un ticket au marché noir, et je me suis retrouvé cette fois dans la fosse avec les fans. Je me suis éclaté encore plus que la veille. Et en sortant, je tombe sur François (Ravard) qui s'étonne : « Mais qu'est-ce que tu fous là ? » Il était touché de voir que j'avais payé ma place.

Il me propose de les voir en répétition, dans un local qu'ils ont loué près de Bercy. Un grand loft. C'était en 1982, ou 1983, je ne me souviens plus. En tout cas, c'était avant ma victoire à Roland. Ils partaient tout de suite après en tournée. Moi, j'avais un break, et eux, des promos, des *showcases* en Allemagne. Je les ai accompagnés. J'ai suivi le mouvement du matin au soir et du soir au matin. Après les concerts, je donnais parfois un coup de main. Cela m'a donné vraiment envie d'en faire autant. On est parti en vacances avec Louis, Corinne et toute ma bande.

Je me souviens d'un album de Police, *Synchronicity*, sorti le jour de notre départ en bateau. En trois jours, Louis Bertignac avait intégré tous les morceaux. Il jouait de la guitare, on chantait, on chantait, on chantait… toute la journée. Quand tu te trouves sur un bateau loin de tout, avec un passionné de guitare comme Louis, tu es un peu comme dans un rêve.

Mon public apprécie lorsque je chante en concert une chanson de Téléphone. Je sens même que les gens qui me suivent l'attendent et seraient probablement déçus que je n'en chante pas. Moi aussi ça me plaît. Je ne m'en lasse jamais. J'ai juste parfois un peu peur de leur piquer un truc qui leur appartient. J'espère qu'ils savent que, à chaque fois que je chante une chanson d'eux, c'est un hommage que je leur rends. Hommage à leur talent, à tous ces bons moments qu'ils ont donnés au fan que j'étais.

Téléphone.

Papy superstar !

La salle où se donnaient les cours de catéchisme était située en face du court de tennis. Ma mère m'y déposait. Dès qu'elle repartait, je contournais le bâtiment et j'allais taper la balle. Un jour, on m'a dit : « C'est dimanche ! C'est la communion ! » J'avais complètement oublié, alors on est vite partis à l'église. Tous les autres étaient en aube, moi, en jean et polo. À croire que j'avais déjà choisi ma voie : ne pas pratiquer pour les apparences, mais écouter ma conscience, et m'accepter, tout en respectant, sinon les convenances, le bien et le mal.
Après Roland-Garros, toutefois, l'absence de convictions religieuses m'a perturbé. J'avais besoin d'une planche de salut. Naturellement, je me suis tourné vers la Bible, comme on reprend une histoire à son point de départ pour tenter de la comprendre, voir à quel moment on a raté l'épisode principal. Et puis, quand j'ai rencontré Erika (une jeune femme américaine avec laquelle j'ai fait un bout de chemin), je me suis progressivement persuadé de l'existence de la vie antérieure. Cela m'a aidé. De la Bible, je suis passé à la lecture de *Siddharta* de Hermann Hesse. Les préceptes bouddhistes ont apaisé mes doutes et mes découragements. Je me suis dit que j'étais là pour apprendre à être bon, à me sentir bien dans mon corps, à m'écarter des vaines tentations et de la souffrance matérielle. J'ai eu envie d'éliminer les défauts qui m'encombraient tels que l'envie, la jalousie, l'intolérance, l'impatience.
Quand on accepte l'idée de la réincarnation, beaucoup de choses commencent à prendre du sens. J'aime penser que mes intuitions, mon feeling dans ma manière d'appréhender la vie ne sont pas dus au hasard, mais sont suggérés par mes aïeux. Dans la vie, tout se paie, le mal que l'on fait aujourd'hui, on devra le payer plus tard, dans une autre vie. J'ose espérer que dans un corps qui souffre aujourd'hui se trouve une âme ancienne qui expie, et rachète ses fautes.

Je repense souvent à cette nuit où mon grand-père, Simon Papa Tara (Simon Bikié Noah-de-fer), est venu de l'au-delà me voir à l'aube, à Nainville-les-Roches. J'avais été réveillé par les chiens, et je me sentais infiniment bien, plus léger que l'air, comme en apesanteur. Mon grand-père est entré, très élégant dans son costume. Il portait un chapeau d'une grande classe. Il s'est assis sur le rebord du lit et s'est adressé à moi. Il m'a dit qu'il n'était pas mort puisque je vivais, il m'a rassuré et encouragé à continuer à bien m'occuper de ma famille. Puis il a disparu, et les chiens se sont tus. Je suis descendu préparer le petit déjeuner en silence, et quand je suis remonté dans la chambre, Erika m'a souri. Elle m'a dit qu'elle avait vu mon grand-père et avait entendu ce qu'il m'avait dit. Elle m'a parlé de son costume, du chapeau qu'il portait. Je me suis dit que l'on ne nous croirait pas, mais cela n'avait aucune importance.

Il m'arrive d'entrer dans une espèce de transe quand je chante la chanson de mon grand-père, *Simon Papa Tara.* C'est la chanson la plus proche de mon cœur. Une page d'autobiographie. Je n'en ai pas d'autres dans ce registre. Quand je la chante, je m'adresse directement à lui. Lui parler, c'est préserver ma mémoire et sa mémoire. De temps en temps, les gens répètent après moi son nom, et cela me fait des frissons partout. Il doit être si heureux d'entendre tant de gens chanter son nom.
Simon Papa Tara était le patriarche. Plutôt mariol, très rigolo. Un peu allumé : papy superstar, quoi ! Son truc, c'était les blagues. Il me tendait la main et, au dernier moment, faisait tourner la sienne très vite comme s'il chassait une mouche, alors que moi, j'essayais de l'attraper. Ça durait un bon moment mais quand j'y arrivais, je lui sautais dessus, je lui emprisonnais sa main, et il adorait ça…
Papa Tara me répétait : « Je ne mourrai jamais. Je viendrai toujours te voir… » C'était la seule chose sérieuse qu'il me disait, mais je n'y prêtais pas attention. Il est mort en 1985, lors d'une tentative de coup d'État au Cameroun. Il y avait le couvre-feu. Interdiction de quitter son domicile. Mais lui en avait décidé autrement : « Je suis le chef, personne ne peut me dicter ce que j'ai à faire. » À 7 heures du matin, il a pris sa voiture et a commencé à parcourir la ville. Il est tombé sur un barrage. Des gamins armés l'ont sommé de s'arrêter. Il n'a pas écouté. Ils ont tiré.

Mes parents et moi entourant Simon Papa Tara.

Au Cameroun, lors du voyage officiel de François Mitterrand en 1985. J'avais prêté à mon grand-père une cravate de l'ATP (Association des joueurs de tennis professionnels). Il était si heureux ! À droite, ma tante Germaine, la sœur de papa.

Simon Papa Tara en 1973.

Je vis en famille et j'ai une grande famille. Les gamins

courent partout. Je ne connais pas de plus grand bonheur.

Le meilleur des papas ?

Avant que je ne remporte Roland-Garros, j'étais un guerrier. L'agressivité coulait dans mes veines, battait dans mon cœur et dans mes tempes. Quand j'ai arrêté de jouer, cet aspect de ma personnalité ne m'a plus intéressé. Je n'ai plus jamais eu envie de me battre pour compter des points. J'ai préféré prendre un autre chemin, voir plus loin, rencontrer des gens en toute sérénité. J'ai eu envie d'avoir des enfants… À ce propos, un sondage dans un magazine m'a désigné récemment : « papa préféré des Français ». Cela ne m'a pas étonné dans la mesure où je n'ai jamais ressenti le besoin de cacher mes enfants. Quand je suis en tournée, mes enfants montent sur scène avec moi, naturellement. On sait combien les enfants comptent pour moi. Mon nom est souvent associé au mot « tribu », et cela ne me plaît pas toujours car cela sous-entend une résonance africaine qui frise la caricature. « Noah et sa tribu », c'est un peu comme « le roi et sa cour » ou « le chef et sa suite ». Je vis en famille, et il se trouve que j'ai une grande famille : voilà tout. On se retrouve régulièrement pour les vacances, les anniversaires. Les gamins courent partout, les grands font des projets. Cousins, enfants, sœurs et amis proches, on a besoin d'être ensemble, également dans les moments durs. Chaque année, on part tous ensemble en vacances. Je ne connais pas de plus grand bonheur.
Cela fait toujours plaisir de se voir en tête d'un sondage, mais c'est moins important que d'être considéré par mes propres enfants comme « le meilleur papa du monde » !

À gauche : Avec Isa, ma chérie, et les trois derniers enfants de la famille Noah, déguisés en Chinois, à l'île Maurice en 2005. La plus grande des trois (au centre), c'est Eleejah, dite Poupie ; sur mes genoux, Jénayé, surnommée Jéjé, et sur ceux d'Isabelle, le petit dernier, Joalukas, dit Jojo. Ci-dessus : Avec Jénayé, dans le garage de l'une des « maisons-tendresse » des Enfants de la Terre.

Avec Yelena, l'aînée de mes filles, et le chien Ziggy à Nainville-les-Roches en 1991.

De gauche à droite: Avec Nena sur le tournage du clip de « Saga Africa ». / L'anniversaire de Féfé, mon manager-concerts, à la Réunion au printemps 2005. La tournée a été l'occasion de vacances inoubliables en famille. Avec Irène, la maman d'Isa, François mon cousin et bassiste et mes deux filles, Poupie et JéJé. / Isa enceinte de Jojo. / Avec Poupie bébé. / Jojo, mon enfant blond. / Yooks et Nena: ils étaient encore petits ! / Poupie et Jéjé en bateau à la Réunion. / Avec Yooks sur le tournage de « Saga Africa ». / Yooks bébé. / Avec mes deux aînés dans notre jardin en Touraine.

WE'VE PUT
CASE FOR

De gauche à droite : Poupie. / Les premiers pas de Poupie en Australie. / Isa. / Poupie et Jojo. / Yooks devenu grand… avec mon cousin François. / Les premiers pas de Jojo avec maman à la Réunion. / Papa, Natal et maman au Cameroun en février 2005. / Nena et Greg. / Poupie, Jéjé, Isa et moi, à l'île Maurice en 2005. / Jéjé à la barre.

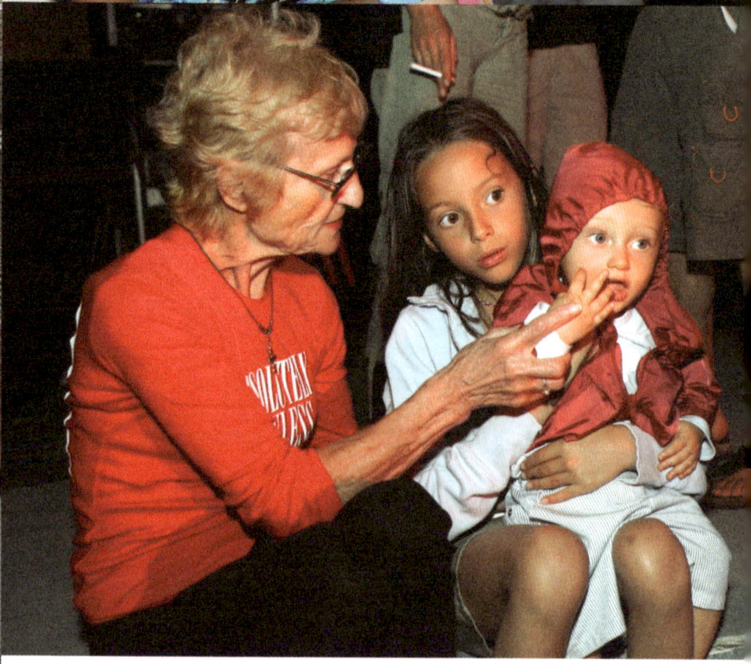

De gauche à droite : Nena. / Isa et Jojo. / Isa et moi. / Ma sœur Natal reçoit une guitare, cadeau des Zam-Zam en remerciement de ses magnifiques décors. / Papa, mes sœurs et moi. / Irèneka, la mamie de Jojo. / Yooks et Kevin McEnroe. / Jéjé. / Cécilia et papa. / Poupie. / Maman et moi.

BRASIL

Avec les Zam-Zam, j'essaie d'instaurer le maximum vital :

donnons tous plus que l'ordinaire. Soyons extraordinaires.

Tous les soirs, avant d'entrer en scène, la tradition avec les Zam-Zam, c'est de se regrouper pour notre chant de guerre.

Lyon, 1er juillet 2003. Tournée des stades Johnny Hallyday. À droite : Jean-Claude Camus, fier papy de Joalukas.

Notre petit groupe de rastaquouères

Avec les musiciens, les choristes, les techniciens, tous ceux qui vivent par et pour nos chansons, nous avons fondé une grande famille. Il y a du monde, à présent, et c'est très bien. Nous formons un microcosme itinérant. Mais pour conserver cet équilibre, il faut que le contact entre nous reste authentique. Et plus nous sommes nombreux, plus c'est difficile. Mais néanmoins indispensable car, sans ce lien, il n'y aura plus le feu.

YANNICK
83

pokhara
NOAH
pokhara
NOAH

8

MOTOR SPORT

De gauche à droite : Karine N'Diaye, Guillaume Eyango et Sylvie Loche, les choristes des Zam-Zam. /À la remise du disque de platine pour l'album « Pokhara » en janvier 2004. / Isa, Jojo, Thierry Suc, mon producteur, Féfé et moi. / Guillaume. / Les Zam-Zam. / Jean-Max (claviers) et François, mon cousin et guitariste. / Thierry Boucou-Pastel (percussionniste). / François et Hervé Koster (batteur) avec Marco, notre gourou. / En concert au Réservoir à Paris.

De gauche à droite : Catherine Adet avec Sylvie Loche. / Michel Aymé, guitariste, et Thierry. / Sortie de scène. /Jean-Max et Thierry choisissent leur costume de scène. / Karine. / Avec Jacques Veneruso, auteur-compositeur de certains de mes plus grands tubes, pendant le concert des Enfants de la Terre à Marseille, spécial seventies. J'ai une banane sur la tête… je dois chanter « Grease ». / Hervé. / Greg et moi. / Après le concert, la fête continue en backstage. / François. / En duo avec Guillaume.

Replay

Concert des Enfants de la terre avec deux bénévoles fidèles : Pierre Bertrand clarinette et Jean-Marie Negozio claviers (2ème en partant de la droite).

Mon premier clip

1991 : année de la victoire de la France en Coupe Davis, à Lyon, face aux États-Unis. Ce printemps-là, j'arrive à la Guadeloupe, en provenance de Miami. Ambiance feutrée, tennis chic. *Players' lounge*. Vestiaires. Balle de match. Autographes… Fini, tout ça. On était là pour faire le clip de *Saga Africa* dont j'avais écrit les paroles quelques mois auparavant. Il s'agissait de mon premier clip. La chanson n'était pas encore sortie, mais TF1, dès la première écoute, avait décidé d'en faire la chanson de l'été 1991. Proches de moi, il y avait mon ami José Touré et mes enfants. Je ne connaissais pas l'équipe de tournage.
Il a duré trois jours. On écoutait de la musique toute la journée, tout le monde était très pro et très cool. Les figurants, les maquilleuses, les techniciens et moi-même bossions beaucoup mais on rigolait pas mal aussi. Pour moi, qui me considérais, à juste titre, comme un amateur, c'était la découverte d'un autre monde. Quand j'ai écouté le rythme de *Saga*, j'ai eu tout de suite envie d'écrire. Et les paroles sont venues d'un coup, le soir même. Le lendemain, je n'ai pas changé une seule ligne.
Je me rappellerai toujours du jour de mon départ. J'étais le premier à quitter ce petit paradis, car j'avais un avion à prendre pour rejoindre un tournoi. Quand le taxi est venu me chercher devant l'hôtel pour m'emmener à l'aéroport, j'avais les larmes aux yeux, et la moitié de l'équipe pleurait.
Le clip a eu du succès, mais je n'avais aucun plan en tête. L'album a été lancé. Il a commencé à bien marcher. On a fait quelques télés, ça me changeait de mon univers habituel. En même temps, j'étais capitaine de l'équipe de France de la Coupe Davis, pour la première fois. Philippe Chatrier, président de la Fédération à l'époque, avait senti en moi le seul homme capable de renouer avec la tradition des Mousquetaires. C'était paradoxal mais j'aime bien étonner, bousculer les idées toutes faites.
Au moment même où je menais cette équipe à bon port, mon disque passait en boucle sur toutes les radios de France. Ce clin d'œil du destin me plaisait.
La Coupe Davis ou la musique ? Je n'avais pas de préférence pour l'une ou l'autre de ces deux casquettes, même si, à l'époque, je me sentais plus sûr dans le rôle de capitaine que dans celui de chanteur.

Sur le tournage de « Saga Africa », avec José Touré, mon grand pote.

Saga

Saga ! Il n'y a jamais eu un concert sans cette chanson. À un certain moment, il a fallu que je m'en détache afin d'exprimer ce qui était, ce qui allait être, et non ce qui avait été. Avec ces couplets, les gens restaient trop dans le passé. Ils ne voulaient pas en bouger, elle leur rappelait sans doute de bons souvenirs. Mais elle a « étouffé » les deux ou trois albums qui ont suivi. Moi, voulant trop m'en détacher, et le public s'y accrochant trop. Alors, on l'a fait renaître sous d'autres formes, elle a évolué au gré de nos rencontres et de nos aspirations.

« Ambiance de la brousse ! / Attention les secousses ! »

Chacun répète ça en riant et en se trémoussant… En France, on la passe dans les bals, les campings, comme la *Lambada* ou la *Danse des canards*. Qui sait de quoi parle cette chanson ? En Afrique, elle est considérée comme subversive. On ne l'écoute que dans les boîtes *underground*, jamais à la radio ! Il y aurait trop de « bips », tellement elle comporte d'insultes ou d'incitations à la débauche.

L'évolution des mentalités et ma maturité m'incitent aujourd'hui davantage à parler des Blancs et des Noirs, de leurs rapports. J'ai bénéficié simultanément d'une oreille plus attentive et d'une envie plus forte de m'exprimer. La chanson *Métis(se)* prolonge les idées exprimées dans *Saga Africa*, de façon plus abstraite : « Je viens d'ici et d'ailleurs / Marcher pieds nus dans la ville, en sandales dans la jungle / Le mélange est facile / Il suffit d'être simple / Je suis une éclipse / Une rencontre insolite / Une si belle mosaïque et dans mon cœur ça danse / Mes racines me guident / J'ai la chance de choisir / Un sentiment basique, un élan, une chance », etc.

Ce n'est pas par hasard si, la première fois que je me suis retrouvé devant une feuille pour écrire une chanson, ce fut *Saga*. J'ai entendu la rythmique et, en dix minutes, voilà ce qui est sorti de moi, en français : « Eh ! petit Blanc / Oui, toi, le petit Blanc / Paris-Yaoundé / Connexion / Allez venez ! / Allons "ambiancer" .» Je voulais dire : danser faire la fête ENSEMBLE : « Ambiance de secousses », on va faire une danse macossa, et une autre danse bicoutsi, assico… Venez ! Allons tous dans les quartiers populaires boire le vin de palme. C'était un peu : « Venez le faire, tous, là autant que vous êtes, c'est possible… On va manger un peu de poulet braisé, et on va se fumer une petite clope ensemble, on va s'enflammer avec le football, ensemble… »

En fait, c'est le résumé de tout ce que je fais depuis, même si le sens premier de *Saga* a été oublié en route. *Métis(se)*…

Quand j'ai entendu cette chanson-là, j'ai réagi aussitôt : « C'est tellement juste ! » Quand je la chante, je pense à tous ces jeunes ballottés entre deux mondes, au beau milieu de la fracture. J'ai envie qu'ils se disent : « Voilà, je suis comme ça, et alors ? » La mélodie est jolie, elle rentre dans la tête et véhicule avec légèreté des idées fortes. Ça me fait du bien de la chanter et d'imaginer l'effet qu'elle produit sur celui qui l'écoute. Tout d'un coup, c'est un peu comme un hymne, un point de ralliement, autant pour ceux qui sont concernés que pour les autres.

Salut, Robert !

L'année qui a suivi la victoire en Coupe Davis (en 1992), j'ai laissé tomber le tennis pour un moment. J'ai commencé à faire des concerts dans toute la France.
Au cours des deux premières tournées, les Zam-Zam et moi jouions dans de petites salles. Parfois nous étions plus nombreux sur scène ! *Saga* était notre unique tube. Les gens le réclamaient. Ils venaient là en croyant qu'on allait leur chanter quinze *Saga Africa*. Alors, forcément, ils étaient un peu surpris quand ils entendaient une *Saga*, et quatorze morceaux de rock en anglais. Surpris et plutôt déçus.
Ils étaient désorientés en entendant mes « stoneries », mes « bobmarleyseries », au milieu de chansons que j'avais écrites (en anglais également, parce qu'il est beaucoup plus facile d'écrire en anglais qu'en français. Ça sonne mieux). La première fois que j'ai vraiment bossé un album, c'était donc avec les Zam-Zam, le groupe avec qui je suis toujours étroitement lié, sur scène comme dans la vie. Nous avions tout fait nous-mêmes, et travaillé comme des fous pour un résultat… mitigé. Un album très irrégulier, avec deux ou trois bonnes chansons et le reste pas terrible. En outre, je n'ai pas voulu faire la moindre promo et il n'y a eu aucune manifestation de curiosité à l'égard de ce disque dont j'étais pourtant fier. L'album n'a rencontré aucun succès.
C'est à cette époque que j'ai croisé pour la première fois Robert Goldman, et Jean-Jacques, lors d'une soirée des Restos du cœur. Il m'a parlé d'un « concept » auquel il avait pensé pour moi. De fil en aiguille, nous avons fait plus ample connaissance et le courant est passé. Il était joueur de tennis et il connaissait bien mon histoire parce qu'il avait même cordé des raquettes dans sa jeunesse. Il m'a dit qu'il avait quelques « trucs » à me faire écouter et que si ça me plaisait, on se mettrait au boulot.
C'était en l'an 2000, l'année de ma rupture si difficile avec Heather, la mère de mes deux dernières filles, Eleejah et Jénayé. J'étais chez moi, à Londres, une ville que je déteste – il suffit de rappeler que je n'ai pas gagné beaucoup de matches à Wimbledon. Il flottait, il faisait froid, j'étais seul, j'avais un blues terrible. Je passais mon temps au tribunal. Un soir, Robert m'a téléphoné de Paris en me demandant ce que je devenais. « Sans me vanter, je suis en train d'en baver pas mal ! » lui ai-je répondu.
« Bouge pas, j'arrive ! »
Le lendemain, après une autre journée affreuse, il sonne à l'entrée. Je regarde par l'œilleton de la porte et je vois la tête d'un type un peu bizarre dont la capuche cachait le visage. Hésitant, j'ouvre malgré tout la porte. C'était Robert. On boit un coup pour fêter la joie de nos retrouvailles, puis il me dit qu'il m'a apporté « un petit cadeau » mijoté avec ses amis Christophe Battaglia, Gildas Arzel, Jacques Veneruso, Éric Benzi et son frère Jean-Jacques Goldman.
Il allume la chaîne et monte un peu le volume. On s'installe dans des fauteuils, et là, je suis halluciné ! Les chansons défilent : *Simon Papa Tara*, *Les Lionnes*, *La Voix des sages*… Je les aime toutes. Les paroles sonnent vraies ! Tonalités, atmosphères : elles contiennent tout ce que j'aime : m'a-t-on déjà offert un plus joli cadeau ? Cet immense talent s'était focalisé sur moi, à un des rares moments de ma vie où je me sentais solo.
Robert était sûr que ça marcherait, car ces chansons étaient simples et gaies. Ni plus, ni moins. Quand nous les écoutions dans ce salon londonien sans âme, ce soir de pluie, je manifestais une impatience de collégien entre chaque morceau. J'étais comme un fou. Chaque fois, il me disait : « Attends ! C'est juste une maquette. Elles ne sont pas toutes bien. Il va falloir faire un tri. » Mais moi, je les aimais déjà !
Robert a fait quelque chose d'énorme pour moi, avec une délicatesse insoupçonnable. C'est grâce à lui que j'ai connu le succès et surtout rencontré mon public. Il m'a présenté à sa maison de disques. Il m'a donné tout ce dont j'avais besoin pour me lancer dans le métier. C'est lui qui m'a ouvert les portes du Zénith. Je lui dois beaucoup. Tout ça sans jamais me donner la moindre directive. « Voilà des chansons », m'a-t-il dit. « Chante-la comme tu le sens, et ça ira très bien… »
Petit à petit, je me suis approprié chaque mot, chaque note de leurs chansons. Et j'ai appliqué la consigne à la lettre, j'ai chanté comme j'ai voulu, comme j'ai aimé.

Robert Goldman.

Peur de faire semblant

J'ai toujours eu le sentiment d'exister en chantant, même si je n'ai pas toujours été accepté en tant que chanteur. « Oh, le pauvre, disaient certains, il va être ridicule !... Il ne chantera jamais aussi bien qu'il n'a joué au tennis... Il ferait mieux d'arrêter... Ou se limiter aux petites fêtes entre amis... »
J'ai conscience d'avoir progressé, notamment au niveau de mon implication dans la préparation des tournées. Au début, j'étais en retrait par rapport à l'organisation du spectacle, mais j'ai commencé à m'investir de plus en plus. Des idées bien précises me sont venues, que j'ai réalisées.
Sentiment infiniment agréable. Rêver d'un décor dans sa tête et le voir petit à petit se monter, planche par planche, touche après touche. D'ailleurs, le jour où les décorateurs ont voulu détruire les cases africaines qui nous avaient accompagnés durant toute la grande tournée 2004, je me suis insurgé. Je les ai installées dans mon jardin. Les gosses y jouent, c'est mieux qu'une banale cabane en plastique jaune.

Au tout début de ma carrière de chanteur, j'avais tout juste le temps d'apprendre mes chansons. Les répétitions passaient toujours trop vite. Je me concentrais uniquement sur l'interprétation et puis, quand j'ai commencé à sentir que je la maîtrisais, je me suis soucié non seulement des musiciens, mais de tous les gens qui avaient une fonction dans notre groupe.
Le fonctionnement de notre groupe repose sur mon désir impérieux de rester fidèle aux gens que j'aime, et avec lesquels je travaille et passe parmi les plus belles heures de ma vie. Quoi qu'il nous arrive, j'ai envie que ça tienne le coup.
On me demande souvent si je me suis inspiré de nos succès en équipe de France de Coupe Davis ou de Fed Cup pour huiler les rouages de notre « équipe ». À la réflexion, la réponse est non. L'atmosphère des tournées n'a rien à voir avec ce que j'ai gardé de mon expérience sportive. Au contraire, en sport nous avons connu le succès grâce à des opérations commandos.

Le contexte dans lequel on prépare ses activités professionnelles est primordial, car il rejaillit au moment de l'action. Interpréter une chanson, c'est transmettre quelque chose. Si tu es bien accompagné pour la chanter, si tu te sens soutenu, aimé, même si tu te plantes, tu la chanteras forcément mieux.
J'ai parfois peur de faire semblant. Il y a des moments où l'on est aveugle sur soi-même. Il y a des moments où, tout simplement, on fait l'autruche. Dans ces périodes-là, il est bon de savoir que d'autres maintiennent le cap et te portent. J'ai une copine dans ma maison de disques, que j'appelle ma « Patronne ». Cette femme, quoi qu'il arrive, s'occupera toujours de mon « cas », sans même que j'aie à le lui demander. C'est important de travailler avec des proches qui me sont fidèles depuis des années. Je pense à Catherine Adet, qui s'occupe de mon planning et de mes affaires depuis deux décennies. D'une rare discrétion, d'un grand dévouement, elle connaît tout de ma vie, et elle est toujours de bon conseil. Je pense à Régis, fidèle jardinier, et à quelques autres personnes qui me sont précieuses parce que, au-delà de leurs compétences, j'ai le sentiment de vivre une aventure humaine.
Et cela m'apporte une grande tranquillité d'esprit qui me permet de me consacrer uniquement à mon boulot : la création.
Mon rôle est de tenir la baraque sur scène. La finalité pour un

Olivier Monfort, l'ex-patron de ma maison de disque.

Valérie Michelin et Emmanuelle Zerbib du label Columbia.

Catherine Adet, à mes côtés depuis toujours.

chanteur n'est pas d'interpréter la même chanson tous les jours de la même manière mais d'apprendre à découvrir ce nouveau public, savoir exactement ce qu'il veut, ce qu'il attend de toi, et le lui donner… et plus encore ! Ta petite touche perso. Si j'arrive à leur donner ce qu'ils espèrent, voire un peu plus, ils repartent contents et moi, lié à eux par un souvenir unique… « Tu te souviens à Angoulême, le soir où… Tu te souviens, c'était à Marcq-en-Barœul… »
Aller loin ensemble, j'y veille chaque soir, en me fondant sur ma propre expérience de spectateur. Combien de fois suis-je reparti déçu de la prestation d'un artiste que j'aimais bien ? Il n'avait pas donné plus que sur son CD. C'est la rançon du succès. Partant du principe que le public est conquis d'avance, l'artiste peut être tenté de ne donner que le minimum syndical. Malheureusement, les gens te renvoient des ondes tout aussi faibles, et personne n'éprouve vraiment de plaisir. Dans le cas inverse, si tu chauffes un peu une salle, elle te le renvoie au centuple, et ça peut donner des moments inoubliables.

Plus ça va, et plus j'essaie d'instaurer le maximum vital : « Donnons tous un peu plus que l'ordinaire. Soyons extraordinaires. » Cela ne concerne pas que la partie musicale. Le gars qui vend les T-shirts, les types de la sécurité, le chauffeur du bus : tout le monde doit être cool. On quitte le monde de l'entreprise pour une dimension plus chaleureuse, plus humaine. Partout où l'on passe, les gens savent que certaines personnes seront bichonnées. On essaie de faire un peu de place à nos VIP à nous, qui ne sont pas les « pipoles » des magazines, mais des gosses, des amis d'amis, ou encore des personnes qui ont un petit handicap, et à qui, l'espace d'un soir, nous offrons le grand jeu. Je n'ai pas envie de donner toujours la même chose. J'évolue, les spectateurs évoluent.
C'est pour cela que l'on discute beaucoup avec les Zam-Zam. Souvent, les opinions s'opposent. S'il y a impasse, c'est à moi de trancher mais j'écoute toujours les uns et les autres. Même si elle n'est pas adaptée ou réalisable, une idée nouvelle peut contenir une évolution future. Il est primordial de comprendre ce qui détermine la position de chaque artiste, surtout quand le débat est passionné. Nous sommes huit. Nous avons tous des goûts différents. Le débat est essentiel pour la survie du groupe. En Coupe Davis, parfois, j'ai été amené à dire : « C'est moi le chef, c'est ma vérité, et on y va ! On part de la confiance que vous avez en moi. Dorénavant, plus personne ne discute mes décisions. » Mais avec des artistes, il n'y a aucune règle définie. Juste une seule exigence : que tout le monde soit investi totalement dans ce qu'il fait. Je connais d'excellents musiciens qui ont fait des carrières d'une quinzaine d'années, avec des groupes dans lesquels ils n'ont jamais eu droit à la parole. Je trouve cela dommageable pour tout le monde. Y compris le public.
Quand nous avons démarré ensemble, nous n'avions que trois mots à la bouche : Démocratie ! Démocratie ! Démocratie ! Le problème est qu'on arrivait à faire des répét' de sept heures au cours desquelles nous parlions… six heures ! Discuter, c'est sympa, mais il y a des moments où jouer devient plus intéressant. Au bout d'un moment, ils m'ont demandé eux-mêmes de trancher. « Laisse-nous nous exprimer, m'ont-ils dit, mais à la fin c'est toi qui tranches. » Et comme la règle du jeu vient d'eux, elle fonctionne à merveille.

Vous ne devinerez jamais qui se cache derrière les traits de cet étrange personnage…

Ce n'est autre que mon agent, l'homme à qui je confie la majorité de mes intérêts, Olivier Devismes.

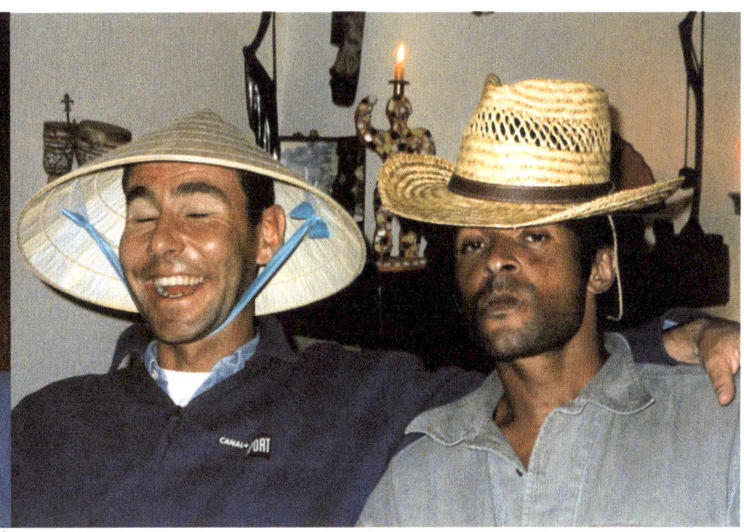

RFM
RFM

RTL
PERFECT

Transmettre quelque chose, et aller loin ensemble

Oser oser *Ose*

Au début, j'avais du mal à interpréter *Ose*. Je trouvais que cette chanson faisait un peu trop donneur de leçons. Et que j'étais à côté de la plaque en voulant transmettre une sorte de message.

Ose ! D'un seul coup, sans crier gare, je m'adressais directement aux gens : « Donne à ta vie sa vraie valeur ! » J'ai toujours beaucoup aimé les couplets : « Une étincelle », « Un premier regard »... Mais le refrain était lourd à chanter. Je regarde les gens dans les yeux et, sans rien connaître de leur vie, je leur balance : « Vas-y, vieux, ose ! »

Je n'aurais jamais pensé qu'elle deviendrait l'une des chansons préférées du public ! Dans les concerts, c'est toujours un grand moment. C'est aussi la chanson qui me vaut le plus de courrier. « J'ai osé », « Je vais oser », « Mon mari a osé. » Son succès m'apporte la confirmation qu'il est possible de rassembler des gens autour d'un même thème, pourvu qu'il soit sincère. La conséquence fut un sens accru de mes responsabilités comme chanteur, par rapport à un public de plus en plus jeune. Pas mal de mères de famille mettent mes CD en voiture quand elles conduisent leurs mômes à l'école. Dans mon discours, j'y fais très attention.

J'accepte finalement un rôle que je n'ai jamais voulu endosser quand j'étais sportif. Beaucoup de gens estiment qu'en termes d'influence sur la jeunesse, l'impact d'un sportif et d'un chanteur est comparable. Ce n'est pas mon avis. Sortir un disque, c'est donner rendez-vous à cinq cent mille personnes en même temps. Qui sont-ils ? Des gens qui t'aiment, des gens que tu aimes, avec lesquels tu fais la fête, avec lesquels tu passes un bon moment. Si mon travail consiste à partager avec le plus grand nombre, je suis bien obligé de tenir compte de ce qu'ils sont. Je ne peux pas les entraîner sur n'importe quelle voie.

L'athlète n'a pas à rentrer dans ces considérations. Il est dans ses coups, son jeu, sa performance, lui, et rien que lui ! Si ça plaît à certains de le regarder évoluer et prendre ce qu'il y a à prendre comme inspiration, c'est parfait, mais il n'a pas à se soucier de l'avis des autres. Quand je jouais au tennis, les gens pouvaient s'attacher ou non à ma personnalité, c'était secondaire. Mon truc était de m'engager à fond en disant « merde » à tout le monde pour gagner du temps et être le plus fort. Chacun prenait ce qu'il voulait, ce n'était pas mon problème. En tant que chanteur, c'est complètement différent. Le discours n'est plus : « Regardez-moi si vous voulez... », mais : « Salut, les gars, c'est moi, Yannick, écoutez-moi, j'ai un truc à vous dire... »

Que l'artiste qui ne tient aucun compte de ce qu'il donne à écouter arrête de faire des disques. Si je devais faire un disque rien que pour moi, il est probable qu'il serait différent de ce que je produis actuellement. Il ne s'agit pas d'un manque de sincérité, mais du désir de faire quelque chose, *pour* l'autre. Quelque chose qui permette d'être bien ensemble.

L'enfant ne fait pas le même dessin si c'est pour passer le temps, ou pour la fête des Mères. Pourtant, les deux sont de lui. Les deux sont lui.

B 5
A 5

CHIMAY

Juste allumer la mèche

Nous sommes tous soumis à des tas de stéréotypes qui finissent pas agir sur nous comme un leurre. Perdus sur la route des illusions, nous oublions qu'il y a des choses très simples et merveilleuses à vivre. Pour la plupart, nous ne sommes pas si mauvais, nous avons juste perdu de vue cette évidence : on a le choix de refuser de se laisser tenter par n'importe quelle connerie, ou de foncer dans n'importe quel panneau, on a le choix d'être cool avec les autres, de redistribuer le temps, se réapproprier des espaces.

Le succès du groupe vient de la nature de notre message : « Allez, c'est bon, levez-vous ! » Parfois, on bouscule un peu les gens, mais finalement, après quelques secondes de stupeur, ils se détendent. Un peu étonnés, ils s'observent et jubilent. Normal, ils sont tellement contents d'être au milieu d'inconnus à qui ils ont envie de sourire et de tendre la main.

Ce n'est pas moi qui les tiens. Ils aiment être debout, baigner dans une énergie commune, et quand ils n'osent pas, ou ne savent pas comment s'y prendre, ils ont besoin d'un coup de pouce. D'une manière générale, tous les gens n'ont qu'une envie : partager de bons moments. Mais comment s'y prendre, quand on est pudique ? quand on vous répète de vous méfier ? quand on ne fait que stigmatiser les différences, et non les aspirations communes ?

Notre plus grand mérite est d'avoir réussi, grâce à nos chansons, à mettre le doigt sur ce qu'ils recherchent. Je suis conscient que le gars qui arrive jusqu'à une salle s'est forcément livré à un vrai parcours du combattant, et qu'il en attend forcément quelque chose d'important.

Première barrière : réserver sa soirée. Deuxième barrière : acheter son billet, cher souvent, parfois difficile à obtenir. Troisième barrière : sortir du boulot à l'heure, caser les mômes ou les emmener, s'embêter dans les transports, prévoir le retour, toujours aléatoire. Quatrième barrière : l'attente interminable devant la scène.

Je sais combien les gens doivent être motivés pour arriver là. Ils sont très demandeurs et ils ressortent presque toujours relâchés, ravis, éclatés.

Le spectacle était « sympa » ! Oui, mais sympa pour moi aussi, les amis ! Et c'est grâce à vous ! Quand vous êtes là, bon esprit, je n'ai qu'à allumer la mèche !

La tournée acoustique de l'été 2005 relevait du même procédé, même si chanter dans une salle de seulement mille personnes bouscule les habitudes, et complique la tâche.

J'ai eu envie d'y mettre encore plus de sensibilité. Interpréter avec un maximum de douceur des chansons qui sortaient directement de mon cœur, charriant une tonne de souvenirs. Pour la première fois de ma vie, j'ai chanté quelque chose de très proche de ce que j'écoute à la maison dans les moments les plus doux de mon existence, et c'était un peu comme si je faisais venir les gens encore plus près. Chez moi, j'écoute Norah Jones, des musiques indiennes ou de jolies ballades.

Lors de notre tournée « triomphale » en 2004, j'ai voulu que le point d'orgue en soit la première partie du concert de Johnny, au Stade de France. Des gens du métier m'ont dit : « Yannick, ça va bien, maintenant ! Tu as ton public, tu ne vas pas faire une première partie, quand bien même il s'agit de Johnny Hallyday ! Tu es au niveau, tu as de quoi faire ta route… » En gros : « Ne sois pas si modeste ! » En fait, j'avais une idée derrière la tête. Je voulais me mettre en danger, traverser des difficultés nouvelles, élargir ma palette, explorer de nouveaux horizons. J'avais besoin de vivre exagérément. Et on a gagné. Beaucoup de gens qui n'étaient pas venus spécialement pour nous ont aimé ce qu'on leur a montré. Cette expérience a été une victoire, dont nous sommes ressortis plus forts. C'est cette force-là que nous avons réinvestie dans la tournée acoustique après le Stade de France. On avait eu le sentiment d'être allés au bout du chemin et d'avoir terminé un voyage et nous nous sommes dit, comme d'habitude : « Bon, et maintenant, où on va ? »

Comment élargir notre champ d'expression ? Réponse : en jouant en souplesse, sans éclairages délirants, dans une atmosphère intime… Nous nous sommes concertés : « Est-ce qu'on peut faire ça ? » On a tenté le pari. Ensuite, chaque soirée a apporté un élément de réponse. Chaque soir, plus rassurant ; chaque soir, plus satisfaisant.

Quand je suis monté sur scène, pour la première, j'avais peur. La voix n'est pas la même selon que l'on interprète une chanson à Bercy ou au coin du feu. Au coin du feu, il faut plus de souffle, la voix doit être plus posée, plus précise. Impossible de passer en force ! Et si je me plantais ? De quoi aurais-je l'air ? Deux fois, j'ai eu vraiment la chair de poule. « Je vais vous interpréter une chanson qui a compté beaucoup pour moi… c'est une époque, un moment de ma vie… » Intro guitare… Les gens ne savent pas où l'on va, ils me regardent bouche bée, ils sont un peu inquiets… Je commence, tout doucement, un filet de voix : « *Never even thought it could happen to be… I am in love ? Am I in love ?* » Le souvenir de Murray Head… L'univers unique du début des années 1980… Mes 20 ans… Leurs souvenirs mêlés. C'est magique de faire revivre le tube d'un été oublié, une mélodie qui s'est tue, mais ne t'a jamais abandonné, qui te prend aux tripes parce qu'elle restitue un instant de ta jeunesse, une rencontre, des vacances, un flirt, une boum, quelque chose qui n'est plus ! Et quand tu t'aperçois, dans les yeux du gars qui t'écoute, si près que tu peux distinguer son visage, que tu n'es pas le seul, que lui aussi, il y a quinze ans… Eh bien, c'est une sensation formidable. Moins explosive que les vibrations d'un stade rempli jusqu'à la gueule, mais infiniment délectable.

Les premières réactions ont été très favorables. Nous avons fait un show très propre, agréable, quoique un peu convenu. Le lendemain : chute de tension. À Nantes. On a mal joué. J'étais déçu, insatisfait. Le public avait pourtant l'air d'avoir apprécié : « Une autre ! Une autre ! » Mais je sentais que je n'avais pas donné assez. Alors, nous nous sommes remis à l'ouvrage, et nous avons rejoué une heure et demie de plus ! Trois heures et quarante minutes au total. Les gens étaient morts, scotchés, ivres de fatigue et d'émotion. Je n'oublierai jamais cette soirée-là. Eux non plus, j'espère.

On ne peut répéter ça tous les soirs. C'est plus dur que de courir d'un bout à l'autre de la scène. Sauter, transpirer, pour moi, ce n'est rien, avec l'entraînement que j'ai, physiquement, il est rare que j'accuse le coup. En revanche, la tension nerveuse me ronge et, dans une tournée acoustique, il y a bien plus de tension que dans une tournée classique… Je suis là, à chaque instant, conscient de chaque note, chaque intonation, chaque respiration. Tout le temps… Chaque expression est ressentie par le public. Je le sens. Les dimensions du spectacle changent. On n'est plus dans l'enthousiasme du chaos et de la démesure. On est toujours ensemble, mais comme en retrait.

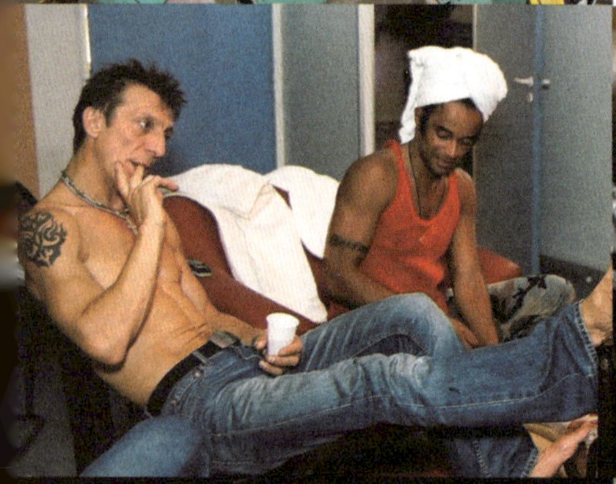
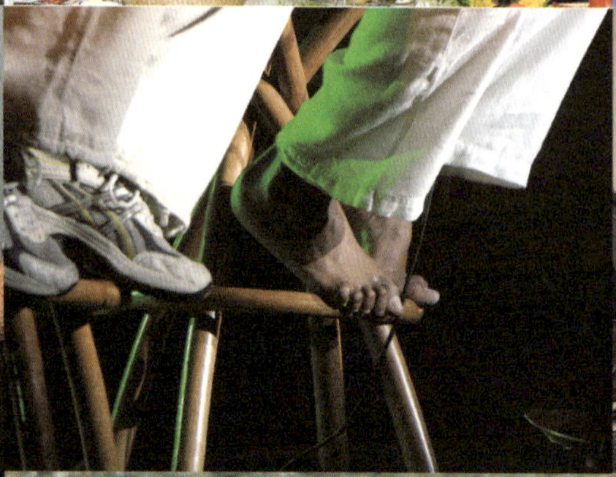

adidas

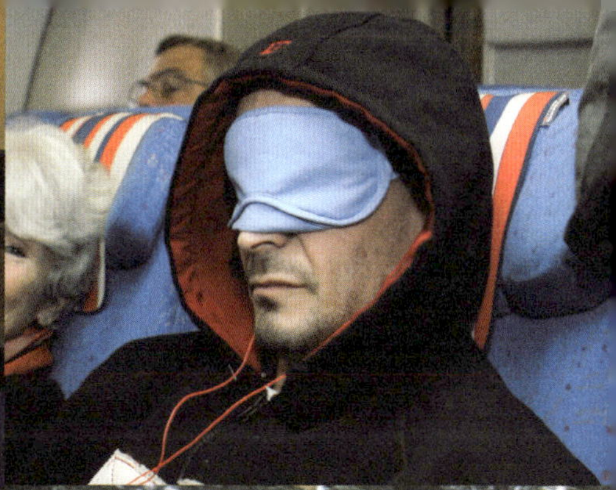

BRAZIL

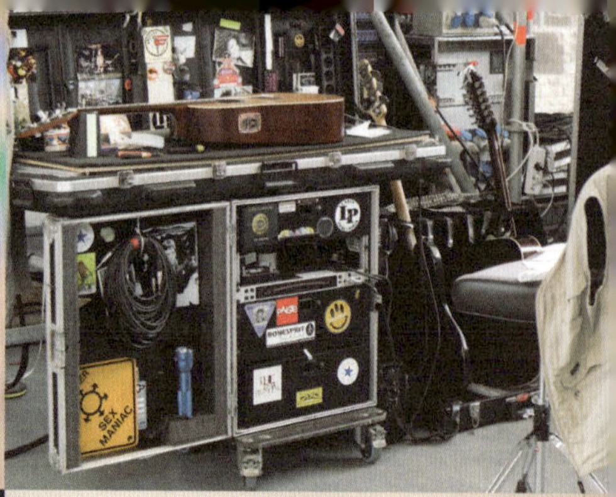

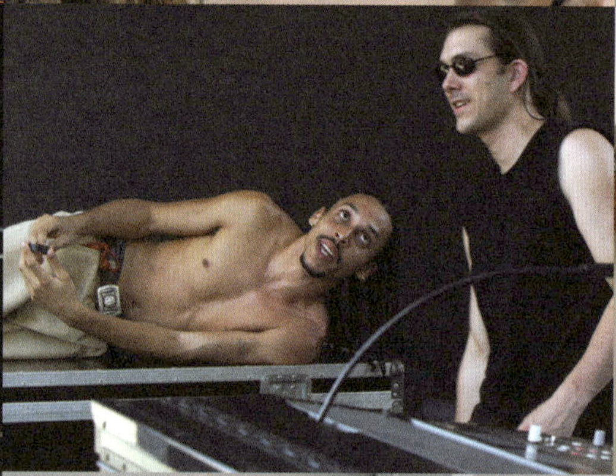

Salut Yannick
Plein de Bonheur
dans ce lieu Magique.
Laurent Voulzy

estauration de

LE CONCERT

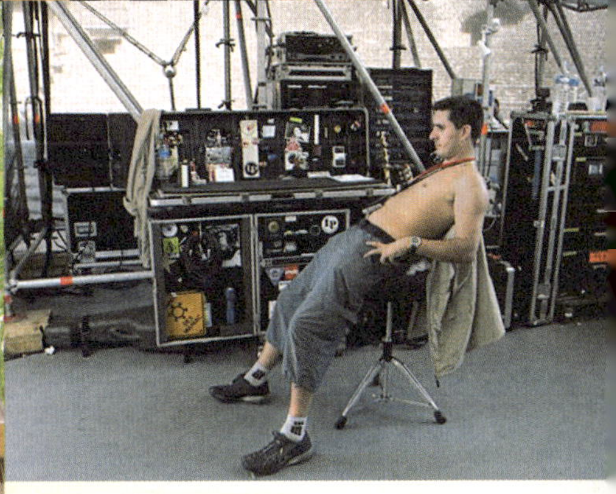

F.O.H
REGIE

VIVE YANNICK NOAH.

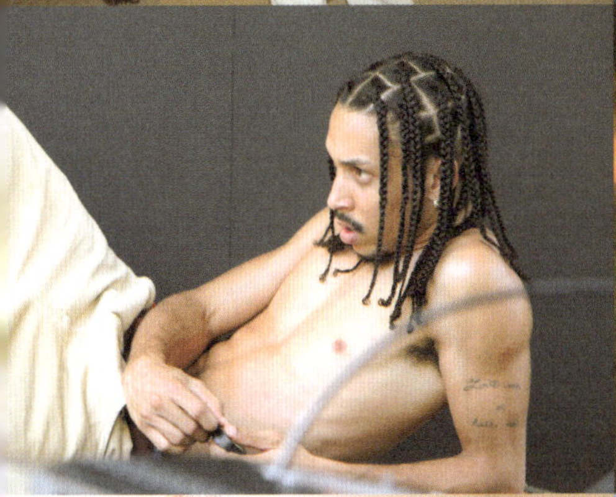
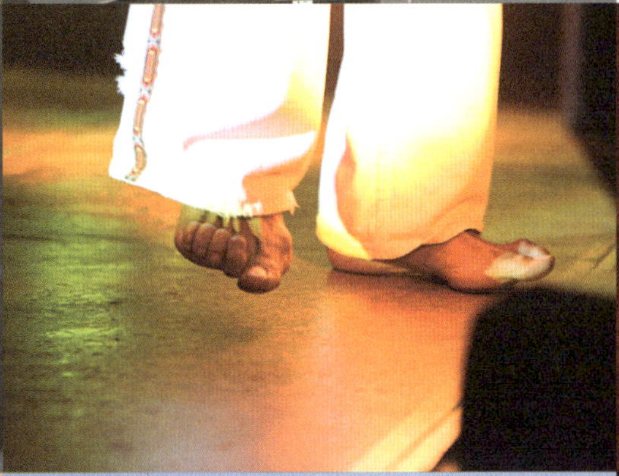

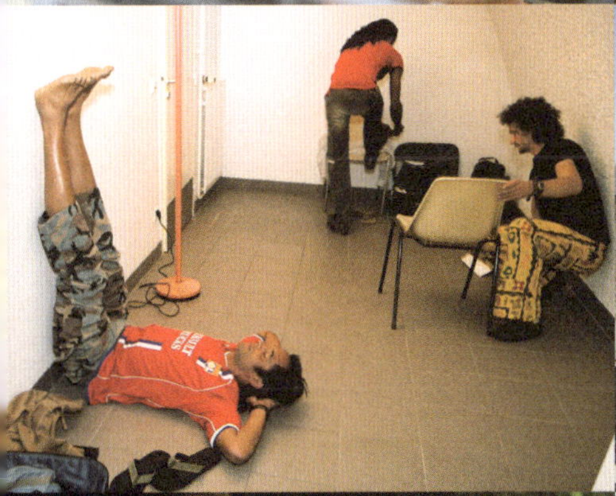

TS3

YANNICK

Match de foot au sommet : les musiciens Zam-Zam contre les techniciens, à Bordeaux, dernière date de la tournée 2005. Nous avons triomphé largement au terme d'une longue lutte psychologique. Nous avons dû surmonter l'intox des techniciens qui durant les jours précédant la rencontre laissaient des petits mots rédigés en ces termes : « Attention à tes jambes, je vais te briser les pattes », « On va vous massacrer », etc. Nous portons sur le dos les T-shirts de la tournée, quant aux slips, je les avais trouvés dans un magasin, l'après-midi même. On a eu un franc succès en pénétrant sur le terrain.

Un petit acte peut entraîner une onde de choc. N'oublie

jamais qu'un océan est formé de milliards de gouttes d'eau.

Merci à vous, les Enfants de la Terre !

Ma mère est très curieuse de tout ce qui touche à la spiritualité. Elle cherche constamment des réponses à ses questions existentielles. Elle reste seule de longues heures, à méditer. À marcher. Elle traverse des déserts, rejoint le pôle Nord en kayak, franchit des cols, et parcourt des chemins dans le monde entier. Ainsi remplit-elle sa vie et puise-t-elle l'énergie qui l'aide dans la tâche qu'elle s'est assignée depuis plus de vingt ans : aider les « enfants de la Terre ». Toujours pleine d'entrain, et de projets, elle n'est jamais satisfaite, ni rassurée. Elle avoue ne pas avoir encore trouvé sa vérité. Alors, elle continue à faire face à ses interrogations. Trouvera-t-elle un jour une réponse qui l'apaise ? Je ne sais pas, mais il est beau de voir quelqu'un qui cherche sans relâche le sens de la vie. Elle est pour moi une source d'inspiration.

À travers notre projet commun, nous vivons notre amour mère-fils. C'est l'occasion de passer du temps ensemble, d'échanger nos sentiments sans avoir à en disserter. Faire des choses ensemble, c'est tellement mieux que de se rendre de simples visites de courtoisie le dimanche. Avec vingt années de recul, je sais que les Enfants de la Terre m'a permis de trouver mon équilibre. C'est une source de motivation intarissable, un moteur pour chacun d'entre nous, mais aussi quelque chose d'un peu aléatoire qui va, qui vient au gré des humeurs, des rencontres.

J'occupe une position dans la société française, qui n'est ni plus ni moins le reflet de ce que je fais. Elle facilite mes rapports avec annonceurs et décideurs. Avec le temps, ils ont appris à me connaître. Ils se sont aperçus que notre travail, à maman et à moi-même, était sérieux, suivi d'effets importants, malgré les innombrables difficultés rencontrées.

Grâce aux dons cumulés des entreprises et des particuliers, nous pouvons venir en aide à environ cinq cents enfants par an, dans nos « maisons-tendresse » qui accueillent en urgence les enfants en difficulté, sans foyer, ou isolés de leur famille à la suite d'un drame (maladie, prison, maltraitance). Nous leur donnons la possibilité de souffler un peu, de se ressourcer, de retrouver un peu d'espoir.

Toutes nos actions en entraînent d'autres, créant une espèce de flux régulier d'argent et d'attention vers les Enfants de la Terre. C'est très agréable de constater que cela donne du sens et de l'intérêt à ce que je fais par ailleurs.

Je ne suis pas particulièrement excité à l'idée de faire de la promo pour vendre plus de disques, ni de montrer ma tête à la télé, mais si, grâce à une chanson, je peux exprimer des choses porteuses d'espoir, en particulier pour des jeunes, si un chef d'entreprise, content de me voir parce qu'il se souvient de moi joueur, ou bien parce que ses enfants ont envie d'avoir un autographe, me donne gentiment de l'argent afin de monter un concert dont les bénéfices permettront d'aider des enfants moins chanceux que les siens, eh bien, j'assume totalement mon statut de vedette. Voilà comment on doit avancer. Jamais les uns sans les autres.

Sinon, ce ne serait que de l'ego. Et de l'ego, j'en ai à revendre ! J'ai même été un peu trop caressé dans le sens du poil ! Pour rester éveillé, il faut se remettre en question, et ce n'est pas facile quand on vous dit à tout bout de champ que vous êtes formidable ! Grâce aux Enfants de la Terre, je me remets toujours en question. On aura beau remuer ciel et terre, on n'arrivera jamais au bout ! Il y aura toujours des gosses dans la mouise, des familles ravagées.

Et des gars pour vous critiquer aussi.

Quand j'étais jeune, j'ai découvert la pensée déroutante d'Emil Cioran. L'un de ses aphorismes avait attiré mon attention : « Pourquoi nous retirer et abandonner la partie, quand il nous reste tant d'êtres à décevoir ? »

Lorsque je rencontre des gens qui ne m'aiment pas, ou ne comprennent rien à ce qu'on fait, j'aime leur montrer ma part d'agressivité liée à mon passé de joueur, en contradiction avec mon côté cool, *peace and love*, zen. M'offrir le luxe de leur dire que je ne suis pas près de renoncer à ce que je suis. Ne serait-ce que pour avoir le plaisir de les décevoir davantage...

De gauche à droite : Mon oncle Pierre, Natal et Yooks. / Boris Becker, sa petite amie, Lââm, Younés El Aynaoui et maman. / Avec Carole Fredericks qui nous manque tant. / Jean-Jacques Goldman et moi. / L'équipe des Enfants de la Terre. / Laurent Boyer, maman et moi. / MC Solaar. / En duo avec Patrick Fiori.

ENTREE
ENFANTS de la TERRE
2005

tennis-concert
2003

ENFANTS de la TERRE

le coq sportif

ENFANTS de la TERRE
2005

tennis-concert
2003
les 10 ans

LES
ENFANTS

Quelques balles avec les enfants de Fête le Mur. Et Séverine Thief, la présidente de l'association.

Le rythme naturel de la vie

Essayons de faire les choses comme elles doivent se faire, au moment où elles se présentent, et défendons nos convictions au coup par coup, avec les arguments du bord, plutôt qu'avec des théories.

La vie a un rythme naturel. À chacun de trouver le sien. Pour moi, l'important n'est pas d'être d'ici ou d'ailleurs, blanc ou noir, riche ou pauvre, mais de faire le maximum avec ce dont je dispose. Je serais ailleurs, avec d'autres atouts, d'autres freins, d'autres gens autour de moi, ma vie ne serait différente qu'en apparence, j'agirais de la même manière : j'attendrais l'éveil de ma sensibilité, je chercherais ce moment où ce que je ferais, subitement, coulerait de source. Il y aurait du « comme par hasard » dans l'air, en fait, ce ne serait qu'une question de timing.

Je n'ai jamais pris position sur ma situation de métis quand j'étais joueur, parce que je ne voulais pas être récupéré. Je disais simplement : « J'ai une tête de rien du tout ! Et c'est très bien comme ça ! » Personne ne comprenait au juste ce que cela voulait dire. Certains me reprochaient même un manque d'engagement. Mais j'étais sûr qu'expliquer quoi que ce soit sur la question serait voué à l'échec, pourquoi l'aurais-je fait ? Que l'on ne pose pas une étiquette sur moi, c'est cela qui comptait le plus. Quand j'étais jeune, j'étais un petit Blanc au Cameroun, et un petit Noir en France, pourquoi m'étendre sur ce désagrément ? Aujourd'hui, quand j'entends les premières notes de *Métis(se),* je suis heureux parce que les paroles, toutes neuves aux oreilles du public, viennent pour moi de très loin. Elles sonnent comme une victoire. Un apaisement.

Plus important que la couleur de la peau, il y a la capacité à échanger à travers un acte généreux, une pensée tolérante. À partir du moment où un individu fait quelque chose de bien, et que tout le monde s'en réjouit, il y a échange, et c'est l'essentiel. Illustré par le sport, et dans bien des domaines, ce leitmotiv dépasse le cadre des origines et des cultures.

Stevie Wonder, que j'aimais beaucoup dans ma jeunesse, était plus fort que le racisme. Son public, composé d'autant de Blancs que de Noirs, était uni dans le même plaisir. Quand l'harmonie accompagne des projets communs, ou entoure des goûts partagés, le racisme baisse en intensité. C'est une réalité à méditer. Maintes fois j'ai pu le vérifier dans le cadre de mon association Fête le Mur. Là où il y a problème, construis un court de tennis, une cabane pour ranger le matériel, édicte un règlement qui soit bien compris, souligne l'intérêt pour les gamins de taper dans la balle, parle de la chance qu'auront les meilleurs d'aller un jour fouler le sol de Roland-Garros, donne les moyens de faire un peu tourner tout ça, désigne un respon-

sable ou une petite équipe, garantis-leur une certaine autonomie, et tu verras le résultat. Tout d'un coup, comme par enchantement, on parle de moins en moins de racisme.
Il est inutile de chercher à donner des leçons, ou de convaincre tel groupe de gens de penser de telle manière, de donner tant et tant, de même qu'il est vain de se fixer des limites, ou à l'inverse de viser trop grand. Les bons sentiments ne sont productifs que s'ils s'inscrivent dans la vie quotidienne.
Maman se met toujours en boule quand elle voit arriver devant son stand des Enfants de la Terre des gens qui lui disent : « Ah, c'est formidable, ce que vous faites ! Bravo ! Heureusement qu'il y a des personnes comme vous… » et s'en retournent sans acheter le moindre T-shirt !

La seule manière de lutter contre la misère est d'avancer pied à pied, en s'installant dans la durée, en transformant un acte exceptionnel en état d'esprit, naturel. Il suffit, pour être efficace, de jongler au jour le jour avec ses petits moyens. Ne jamais oublier qu'un océan est formé de milliards de milliards de minuscules gouttes d'eau.
L'*a priori* le plus défavorable dans la lutte contre le malheur ambiant consiste dans l'idée saugrenue qu'il faudrait donner *tout* ou *rien*. Défendre une cause à fond ou refuser de s'investir. En réalité, la générosité n'est efficace que dans ses plus humbles manifestations. Un petit acte régulier entraîne une véritable onde de choc.
Ne pouvant pas défendre toutes les causes, je me montre solidaire de celles qui se présentent à moi, sans forcément m'y impliquer à cent pour cent. Mais une bonne cause ne nécessite pas forcément un engagement massif de la part de tous. Par exemple, j'ai toujours manifesté mon soutien à SOS Racisme, sans pour autant entrer au comité d'organisation, étant trop pris par ailleurs. Mais cela ne m'empêche pas de les soutenir, et de le faire savoir quand je le peux. Je suis proche, mais pas dedans.
Pour les rencontres que la vie propose à chacun d'entre nous, c'est pareil. J'ai le souvenir d'une rencontre, au tout début de ma carrière, avec un jeune garçon de Memphis qui était ramasseur de balles. Je lui avais donné ma raquette parce qu'il était sympa. Quelques mois plus tard, j'avais reçu un appel de ses parents m'informant qu'il souffrait d'un cancer et qu'il lui restait peu de temps à vivre. J'ai repris contact avec lui, je l'ai emmené partout dans les coulisses. On a bavardé avec d'autres joueurs, il était aux premières loges, ravi. C'était la moindre des choses que je pouvais faire, et le maximum aussi. Si peu, mais mieux que rien.

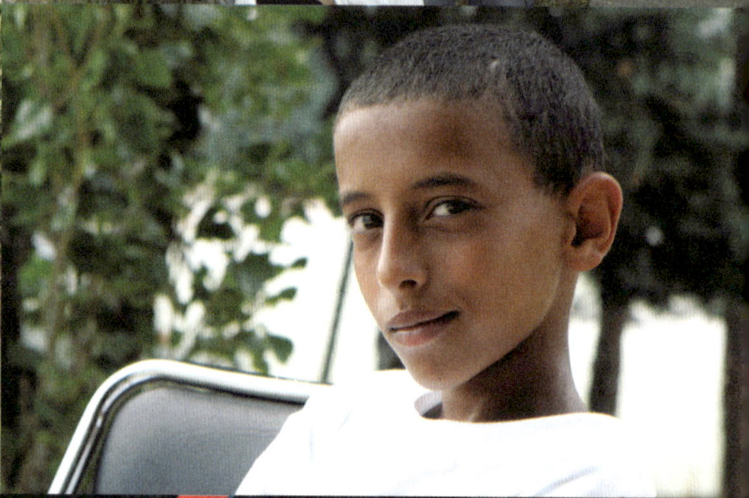

BNP PARIBAS
artenaire du tennis. De tous les tennis.

Calcutta dream

Souvent les pauvres en Asie ou en Afrique offrent leur sourire. Jusqu'à leur modeste repas. On te présente facilement – et avec fierté – la famille. On te propose un siège, on te prie de t'asseoir. Tu sens que ce sont des actes sincères, de pure générosité. Et tu les prends comme tels. Je ne sais pas d'où cela vient, c'est en tout cas un moyen de survivre à la misère. J'ai besoin de ce contact-là pour remettre les choses en perspective. Notre vie dans les pays industrialisés est tellement facile matériellement qu'on en perd le sens des réalités.
Pour rester humain, j'ai besoin d'aller au contact de ces gens-là, de rester quelque temps dans des endroits sans confort, ni électricité, à manger seulement du riz, boire du thé. Les gens qui vivent dans ces endroits-là vous révèlent qui vous êtes, et ce dont vous avez vraiment besoin. Et du coup, vous vous sentez coupable d'être à la fois si privilégié et si insatisfait. Ils vous rendent humbles.
J'essaie de puiser dans toutes les cultures, avec cette idée que chacune d'elles comporte quelque chose qui peut donner un coup de pouce à l'autre. Ma façon à moi d'assumer mon état civil de citoyen du monde.
Lors d'une de mes premières tournées en Inde, à la fin des années 1970, j'étais logé dans un palace à Calcutta. Une petite oasis de luxe au milieu d'un océan de misère. J'ai remarqué un des gars qui bossaient dans ce grand hôtel, dès le premier soir. Nous avons sympathisé. Toute la semaine, il m'a accompagné au club dans son pousse-pousse. Il m'a présenté sa femme et ses enfants, et quand j'ai gagné le tournoi, je lui ai remis la moitié de la somme que j'avais gagnée.
Quand j'ai pris congé de lui, le dimanche soir, sachant que je ne le reverrai peut-être jamais, je me suis dit : « Mon Dieu, voilà enfin quelque chose qui a du sens… »

Tout le monde regardait le ciel

Nous étions allés l'écouter dans le Larzac. Une parenthèse de trois jours. C'était en 2000. Tu ne sais pas comment expliquer ce que tu gardes de ce genre d'expérience. Une façon de voir la vie, certainement. C'est une touche dans le paysage, qui change un peu le tableau, un petit coup de gouvernail qui dévie légèrement ton bateau. Rien de plus, rien de moins. Une façon d'être un tout petit peu modifiée. Moins de matérialisme. Moins de compétition. Plus de recul. C'était fort. Un autre rythme.

Habituellement, quand le dalaï-lama se rend quelque part, les éléments se réveillent, comme si la nature éprouvait le besoin de lui manifester son soutien. La veille, il y avait eu une grosse tempête. Des arbres étaient tombés. Images apocalyptiques de terres dévastées. Mais le lendemain matin, le ciel était redevenu bleu et, le troisième jour, alors que tout le monde rentrait de ce pèlerinage en voiture vers le village situé entre deux collines, un arc-en-ciel magnifique apparut, surplombant le village d'une colline à l'autre. Tous les gens s'arrêtèrent, admirant le paysage, comme hallucinés, transportés par trois jours de méditation. Tu es dans les nuages, en plein rêve, léger, tu ne touches plus le sol, et tout d'un coup tu as ce signe. Tout le monde était dehors, tous les gens du village sortaient de chez eux, quittaient les boutiques de souvenirs. Tout le monde regardait le ciel, émerveillé.

Yoga

En 1990, j'ai été guidé par mon amie Stacy Williams. Elle était branchée yoga. On se nourrissait de graines, on faisait du yoga deux fois par jour. Je suis parti dans un trip avec elle. Il en est resté quelque chose de très fort, pas seulement sentimental, mais aussi décisif pour moi en tant qu'homme et, forcément, capitaine de Coupe Davis. L'énergie de la victoire de Roland-Garros, canalisée ensuite par le yoga, a fait de moi un capitaine qui savait comment gagner la Coupe Davis. Le joueur de Roland-Garros 1983 n'aurait rien pu faire tout seul. Il aurait bossé, fait bosser les autres, mais se serait épuisé. Le prof de yoga… sans avoir touché au haut niveau de compétition n'aurait pas su comment mener tout un groupe à la victoire ! Il fallait que les deux expériences se réunissent. Je n'ai jamais joué en compétition avec ma puissance et ma décontraction réunies, et c'est dommage. Mais on n'y peut rien. Les infos étaient là, il faut croire que je n'en voulais pas. Je n'étais pas prêt à les intégrer. Il serait malhonnête de dire que je n'ai pas eu de chance. Souvent les opportunités sont à portée de main mais on ne les saisit pas. Il faut croire que ce que j'ai fait était suffisant par rapport à ce que je cherchais. Voilà tout.
J'aurais perdu Roland-Garros en 1983, j'aurais peut-être gagné en 1988 avec ces données-là. J'étais prêt à le regagner en 1986, j'avais en effet beaucoup progressé. J'étais en superforme mentale et physique, quand la poignée de la malle que je portais dans un escalier a cédé, touchant mon tendon d'Achille. Je pense sincèrement que j'aurais gagné car, sur terre battue, mon jeu d'attaquant me donnait un véritable ascendant sur les contreurs quand j'étais en forme physique. Mais là, assurément, c'est la malchance qui s'en est mêlée. Ou bien la chance, peut-être ? Car c'est très bien comme ça. Je suis très content de la manière dont tout cela s'est passé. Que ferais-je aujourd'hui de deux victoires ? La deuxième n'aurait-elle pas banalisé la première ? Elle était tellement jolie, cette première et unique victoire, si jolie qu'elle en vaut bien quatre ou cinq à elle toute seule !

Aujourd'hui, le yoga fait toujours partie de mon univers rempli de bouddhas, d'objets et de musique qui m'évoquent calme et sérénité. Naturellement, on est pris dans le rythme de la vie, et même si l'on ne s'en rend pas compte, parce que les choses s'enchaînent souvent très vite, on n'est pas toujours maître à bord. D'où mon besoin régulier de faire un pas de côté et de considérer ma vie d'un autre point de vue. Cela ne peut se faire que dans des endroits propices à la réflexion et la méditation. Des endroits perdus dans la nature ou bien chez moi mais dans un coin préservé de la sonnerie du téléphone. Bien sûr, c'est plus facile de se retrouver soi-même lors d'un trekking au Népal que sur le périph' ! Mais comme je passe pas mal de temps sur la route, le seul fait de considérer un bouddha me fait du bien. Chez moi, il y a un bouddha dans chaque pièce et j'ai son effigie tatouée sur le corps. La vie me donne la pêche naturellement, mais ce qu'elle ne me donne pas, c'est la capacité à prendre le temps de la réflexion. Or, j'en ai besoin pour avancer « où je veux » et j'estime que ce « où je veux » est un désir juste. Les sorties de route que j'ai eues et que je n'ai pas vraiment digérées sont liées à des situations qui m'ont été plus ou moins imposées. Mais je n'ai jamais regretté les choix qui ont été pris en pleine conscience. Je sais aujourd'hui que j'irai dans cette direction jusqu'au bout. Les bouddhas qui m'accompagnent ne symbolisent pas une religion mais une philosophie, qui prône l'ouverture vers les autres.

Yoga à la Guadeloupe, en 1991.

Méditation à la Guadeloupe, en 1991.

Méditation sous la pluie à Madrid en 1983.

Sur moi, la colère n'a pas de prise

Je n'ai pas de colère en moi. Je peux avoir une réaction agressive, violente, voire éprouver un bref instant de colère mais, chez moi, elle est toujours passagère. La colère est une réponse brève et irréfléchie à une forme d'agression, une injustice, mais ce n'est pas un état définitif, enfoui au fond de moi, comme on le sent parfois chez certaines personnes qui n'ont pas résolu leurs problèmes. Je ne suis pas ainsi. Je n'éprouve aucune colère contre qui que ce soit.
La colère, telle que je la connais, c'est toujours un trop-plein d'énergie confus qui fait que je pars au quart de tour. Je réagis trop fort, trop vite, je vais trop loin et, dix minutes après, je le regrette. Et pourtant, en temps normal, il faut souvent une heure ou deux pour me remettre de cette montée d'adrénaline hypernégative. Mais j'ai remarqué que ce genre de réaction n'a que très peu d'effet sur un corps qui a déjà évacué toutes les mauvaises ondes. Ainsi, j'ai découvert qu'on prenait trop souvent le problème à l'envers. Il ne s'agit pas de dire : « Je suis en colère, donc je sors et je vais me dépenser pour l'évacuer », mais plutôt : « Je vais me dépenser et, ainsi, la colère n'aura aucune prise sur moi. » En tout cas, c'est ma méthode, et elle fonctionne pas mal pour l'instant.
La journée n'est pas la même quand je la commence par une séance de yoga, ou même une heure et demie de footing. Surtout quand je suis en tournée parce que je trouve un équilibre quasi parfait. Je suis tranquille, parce que j'évacue sur scène, et le matin je cours, même si je me suis couché trop tard, même si j'ai bu quelques verres avec des amis.

Le marathon

J'ai toujours aimé courir. J'ai souvent besoin de me retrouver face à moi-même et courir m'en donne l'occasion. Je cours toujours seul, jamais en groupe, sauf en stage. Quand je cours, je gamberge et ma plus grosse gamberge depuis plusieurs années, c'était de participer à un marathon. Un rêve dingue.

Je me demandais si c'était possible, si j'en serais capable. Quand j'habitais encore à Manhattan, mon appartement se situait à quelques encablures de l'arrivée du marathon. J'ai fini par m'inscrire à force d'observer ceux qui s'entraînaient. Et je suis très vite entré dans le jeu. J'étais à trois mois du marathon, deux mois du marathon, etc. Quand j'ai reçu mon équipement et le plan du circuit, mon objectif était d'aller jusqu'au bout et surtout de passer devant la maison à la fin de l'épreuve. La veille, j'ai eu vraiment l'impression de préparer la finale de Roland : une bonne excitation, mais la trouille au ventre. Le matin, très tôt, je suis monté anonymement dans l'un des cinquante bus qui mènent les concurrents sur la ligne de départ. À 8 heures du matin, dans le pâle et beau soleil de Brooklyn, je suis avec quarante mille personnes heureuses et fières d'être là. Comme moi.

Le marathon de New York est couru par deux cents pros mais, pour des milliers d'autres, c'est d'abord une aventure. C'est un rassemblement universel. Ça parle toutes les langues, il y a des grands, des minus, des grands-mères, des gars qui filment l'événement, d'autres qui sont déguisés. Me sentir englouti dans cette vague humaine me fait littéralement flasher. Pour éviter toute bousculade, l'ordre des départs s'établit en fonction du temps estimatif de chacun. Je m'inscris dans le groupe des « quatre heures » et je m'élance. Au bout d'un kilomètre, je franchis le pont de Brooklyn, magnifique. Au loin, je vois Manhattan se profiler, mais comme si c'était à cent bornes de là. Ensuite, nous descendons dans Brooklyn, encouragés par des centaines de milliers de personnes sur le bord de la route. Je suis porté par cette énergie. Les gamins, les policiers nous tapent dans les mains. Tout le monde nous encourage mais on m'a prévenu : il faut éviter de s'enflammer. La montée d'adrénaline est si forte que, si on ne se limite pas volontairement, on explose avant l'arrivée. OK, je contrôle… Au bout du pont, un gars muni d'un porte-voix lance : « Allez ! Vous y êtes presque ! Il ne reste plus que quarante et un kilomètres à parcourir ! »

Après Brooklyn, c'est le Queens et l'entrée dans Manhattan par le pont de Queensborough. La transition est brutale car il n'y a plus personne sur le pont. Je n'entends plus les clameurs mais seulement le souffle des centaines de concurrents et le bruit régulier de leur foulée. Le pont tremble sous nos pas. Tout d'un coup, je suis comme renvoyé à moi-même et je constate qu'il me reste encore dix-huit kilomètres. Après ce passage, on revient dans un secteur où des milliers de spectateurs encouragent les attardés. Les premiers sont passés depuis une heure déjà…

Une grosse difficulté surgit : le « mur » est un faux plat de huit kilomètres sur Park Avenue qui conduit à Harlem. Quand j'entre enfin dans Central Park, je ne ressens pas de fatigue excessive mais une émotion difficile à contrôler dans un cadre si familier. La tentation est grande d'accélérer mais je me retiens. Je passe devant chez moi, les portiers me font des grands signes amicaux. Le dernier kilomètre, j'ai la chair de poule. Sur la ligne d'arrivée, des larmes me montent aux yeux. Je n'arrête pas de me répéter : « J'y arrive, j'y arrive ! »

On m'a dit : « Tu as mis 3 heures 33 minutes » et je ne sais plus combien de secondes, mais pour moi, c'était comme si j'avais gagné le marathon. 3 600e position et 500e des plus de 40 ans. Quand je suis rentré à la maison, Isabelle et tous mes potes m'attendaient. Beaucoup m'avaient suivi le long du parcours. Une douche, une fête digne de ce nom et direction l'aéroport. Le lendemain, j'avais un concert à Laval !

La petite différence

Certains s'enferment dans la logique de profit immédiat, du planning bien régulé. Arc-boutés sur leurs rails, sans jamais regarder les autres, ils se ferment à l'essentiel. Alors qu'il est si bon de créer comme une petite différence ici ou là. En musique, c'est une évidence. Dans ce milieu, on parle de générosité à tout bout de champ, n'empêche qu'elle est souvent cruellement absente des interprétations. J'ai besoin de vous regarder, de vous parler, de venir près de vous. Je vous dois beaucoup, à commencer par mon bonheur de chanter. Ce n'est pas en vous lançant un vague « Merci, au revoir, à la prochaine ! » à la fin du spectacle que je vais vous exprimer ma reconnaissance. Je mets tout mon cœur à vous le dire, car c'est ce que je vis.

C'est une sensualité, la musique, pas un jeu de dupes. Souvent, les gens éprouvent du plaisir dans nos concerts parce qu'à un certain moment, quelque part dans la vibration, ils ont senti qu'ils me voyaient tel que je suis.

Je fais souvent des trucs « gratuits », je vais au-delà du spectacle initial. Si on est bien ensemble, et même si ça doit durer quatre heures, et que la salle doit fermer ses portes, tant pis ! on est trop bien, on reste ! S'il faut, entre deux opérations de promo, donner un concert à la prison de Fleury-Mérogis, on y va aussi. Pas de problème ! Parce que là, il y a l'échange, la seule valeur essentielle. Tu donnes et tu reçois. Cela fait boule de neige.

Ma sensibilité est exacerbée par le plaisir du public. C'est une énergie comme un stimulant dont je me nourris. Elle me rend meilleur et me permet d'être encore plus proche du public. On parle de ce que je donne, pas assez de ce que je reçois. Le public, c'est lui qui s'éclate, mais il te le rend.

Tu lui donnes sans compter, tu t'unis à lui, sans plus savoir pourquoi tu le fais, ni comment ça a commencé, et le sourire qu'un fan t'a donné un soir ne s'effacera jamais de ta mémoire…

Les petits cailloux

Être toujours en action. L'esprit serein, mais vigilant. Si, à la manière d'anciens combattants, je ressassais toujours les mêmes histoires, il y aurait un moment où, n'ayant plus rien à dire, je ressortirais des souvenirs plus intimes, ce que je ne souhaite pas. J'ouvre volontiers mon cœur, mais je ne dis rien de ce qui se passe à la maison.

En revanche, défendre une idée, parler d'une expérience, c'est non seulement partager avec les autres, mais aussi une motivation supplémentaire pour fabriquer du neuf. Le présent, bien planté entre passé et futur, entre analyse et espérance, se trouve valorisé. Si je donne un souvenir à ceux qui s'intéressent à moi, il faut créer autre chose pour conserver intacte la richesse de mon jardin secret !

Quand je me sens un peu trop prévisible, trop convenu, quand je vois qu'on m'attend en terrain conquis, j'aime prendre la tangente. Une façon de tenir les gens en haleine, et de m'obliger à ne pas m'endormir sur mes lauriers, l'esprit abreuvé d'évidences. Pour l'heure, j'ai un besoin vital de mouvement, de contre-pieds, de sorties de route, de sauts dans le vide… Je me nourris d'expériences les plus diverses, que je laisse sur mon passage comme des petits cailloux. Un jour viendra, peut-être, où j'aurai envie de me poser et de mesurer le chemin parcouru. Alors, il n'y aura plus rien à raconter. Plus rien à réinventer. J'espère que j'aurais anticipé l'affaire, et que je serai dans un bel endroit, dans un pays chaud et dans une belle baraque, entouré des gens que j'aime…

Un élan irrésistible m’entraîne vers le Cameroun,

pas par nostalgie mais avec des rêves d'avenir.

Grand frère

Je n'ai jamais eu, ni même revendiqué un rôle officiel au sein de l'équipe nationale du Cameroun. J'accompagne les Lions indomptables en qualité de supporter privilégié. J'ai accès libre aux vestiaires, je regarde les gars s'entraîner, je discute avec eux, amicalement. J'ai carte blanche pour intervenir mais, honnêtement, je ne fais vraiment pas grand-chose. Des « bricolettes » : personne dans les chambres des joueurs, vigilance à l'égard de la diététique, etc. Je me contente de partager leurs émotions. Dans les vestiaires, avant les matches, quand ils prient, je me recueille avec eux. Beaucoup sont croyants, presque tous sont en contact avec un sorcier, mais loin de moi l'idée de dévoiler leurs secrets.
À un quart d'heure de chez moi, à Saint-Quentin-en-Yvelines, quand l'équipe du Cameroun est en stage, je ne manque jamais une visite et, aussitôt, je suis au Cameroun ! Les blagues qui fusent, les réflexions, les regards, les rires, il y a tout pour me sentir comme chez moi. Mais je respecte l'entraîneur, je me mets complètement à son service, je ne prends jamais aucune initiative et je tiens à payer de ma poche tous les frais occasionnés par ma présence à leurs côtés. Dans un pays où la corruption est énorme et où les profiteurs sont légion, je prends garde à montrer symboliquement que je ne suis pas là pour tirer avantage de ma collaboration avec les Lions. Ils m'appellent « grand frère » et je me conduis comme tel.
Vis-à-vis de l'extérieur, mon rôle se limite à des interventions comme celle qui a permis, grâce à l'appui d'un ministre camerounais, de construire un vestiaire avec des douches dans le stade de Yaoundé. J'estime qu'il est essentiel de les aider et ils me le rendent au centuple.

4 septembre 2005 : match qualificatif contre la Côte d'Ivoire pour la Coupe du monde 2006. L'arrivée dans la capitale ivoirienne est impressionnante. La police est partout, il règne une tension incroyable, l'hôtel est dans la « zone sinistrée ». La télévision ivoirienne fait monter encore la pression en donnant la Côte d'Ivoire vainqueur. Personne n'imagine que les Lions puissent gagner. Le match est programmé pour 17 heures, mais le stade est plein depuis 8 heures du matin.
Dans les vestiaires, avant le coup de sifflet, l'ambiance est lourde, lourde, lourde. On ne peut quasiment pas se parler à cause du brouhaha à l'extérieur. Et tout d'un coup, les Lions entrent sur le terrain et ils assurent.
Les Ivoiriens, qui ont entre 20 et 25 ans, sont obligés de gagner pour sauver leur pays. Ils ne jouent pas mal mais ils n'arrivent pas à se sublimer. Les Lions, eux, savent gérer la pression. Ils jouent un match de guerriers. On mène 1-0. La Côte d'Ivoire égalise. On mène 2-1 avant la mi-temps. On se dit : « Allez, on tient, on tient, on tient », mais une minute après le début de la deuxième mi-temps, la Côte d'Ivoire égalise à nouveau. Si le match se termine sur un nul, les Lions seront éliminés de la Coupe du monde. Il faut encore marquer… Et ça dure, ça dure… quand tout à coup, à cinq minutes de la fin, on marque ! Je suis sur le banc, on pleure tous. On se rue dans les vestiaires. Je n'ai jamais vu ça ! Tout le monde pleure, hurle, s'embrasse : le ministre, le président, les joueurs ! C'est unique ! Royal ! Immense ! Énorme ! Je n'ai jamais vécu un truc pareil… Pour moi, c'est un peu comme si je me retrouvais dans *Les Yeux dans les bleus*, le documentaire sur la victoire de la France en 1998, mais au cœur de l'action, loin des caméras.
Une heure après leur victoire à Abidjan, je téléphone à papa, au Cameroun, et il me raconte que, à Yaoundé, c'est la folie. Les gens crient, dansent, se roulent par terre, barrent les routes. La terre s'est arrêtée de tourner !

En haut : Papa, Pat, le mari de ma sœur Natal et moi en Italie, pour le match Cameroun-Angleterre, quart de finale de la coupe du monde 1990. En bas : la tournée des Zam-Zam au Cameroun en février 2005.

ROB

Le Cameroun

La vie que je mène est parfois saturée et j'ai besoin de me rendre régulièrement au Cameroun. Sur les plages non loin de Kribi, je peux cavaler des kilomètres sans rencontrer âme qui vive. J'aime la rivière qui se jette dans la mer en enjambant la plage. Le Cameroun est avec l'Afrique du Sud le plus beau pays du continent. C'est le plus varié. Tous les autres pays d'Afrique ont leur identité. Ce sont de très beaux pays mais, au Cameroun, on trouve toutes les richesses de l'Afrique réunies. La brousse, le désert, la montagne, la mer, les rivières, les cascades, les réserves d'animaux et parmi la population plusieurs religions cohabitent… Absent des circuits touristiques, le Cameroun est un pays méconnu, mais magnifique.
Quand j'arrive au Cameroun, on m'interpelle : « Tu as mis le feu en France quand vous avez gagné la Coupe Davis mais qu'as-tu fait pour nous ? » Parfois, on me le dit plus crûment : « Tu dis que tu es d'ici. Prouve-le. »
Aider le Cameroun, c'est dans la logique des choses à présent. J'ai vécu trente-trois ans en France et si peu là-bas. Il est temps de renvoyer la balle. De rendre un peu de ce que j'ai pris au Cameroun, tout ce dont je me suis nourri. Mais je ne veux pas y aller par nostalgie, plutôt avec des rêves d'avenir.
Tout ce que je sais, c'est que mon rapport au Cameroun n'a jamais changé. Peut-être qu'avec l'âge on a une approche différente de son enfance et c'est vrai que si j'évoque davantage mon enfance, le Cameroun me revient davantage à l'esprit, mais je vis en France. Mon travail est ici, ma vie est ici, et je sais par expérience que toute action d'envergure nécessite que l'on soit sur place. C'est pourquoi les actions que je mène au Cameroun sont moins importantes que celles que j'assure en France. J'ai très envie de faire des choses là-bas ; dans mon cœur, j'aimerais les rendre possibles, mais pour l'heure la réalité limite mes perspectives dans ce sens. Mais je crois au destin. Et si un jour j'entends un appel, j'y répondrai.
Il m'a toujours paru naturel de jouer la Coupe Davis pour la France à partir du moment où c'est grâce au système français que j'ai atteint le plus haut niveau. C'est la vie qui l'a voulu ainsi. Mais il est vrai que, à certains moments, j'étais déstabilisé en entendant *La Marseillaise*. Une seule moitié de moi réagissait. On ne m'a jamais vu chanter l'hymne national la larme à l'œil. Et ce n'est pas tout à fait par hasard si j'ai éprouvé le besoin d'écrire, sur l'air de *La Marseillaise*, un texte personnel, qui prône la tolérance. Je chante l'hymne camerounais avec la même retenue. Dans le meilleur des mondes, je pourrais chanter les deux hymnes, mais il y aurait toujours quelqu'un pour me demander pourquoi j'ai chanté l'un plutôt que l'autre en premier !
Au Cameroun, les médias sont frustrés par rapport au temps que je leur accorde. Ils ont l'impression que je passe mon temps à répondre aux sollicitations des médias français et que je méprise celles qui émanent du Cameroun. La vérité, c'est que, dans la vie que je mène, le Cameroun n'est pas associé aux mêmes activités. C'est un endroit où je vais pour me ressourcer, tout simplement, loin des micros et des projecteurs.

Double page suivante : devant ma case à Kribi.

Avec Paul BIYA

Merci Pingouin, merci Gianni

Je tiens à remercier tout particulièrement deux photographes parmi ceux qui ont collaboré à ce livre. Pingouin (pourquoi s'encombrer d'un patronyme quand on s'est trouvé un surnom qui vous va si bien ?) à qui l'on doit la majorité des photos de tournée et Gianni Ciaccia pour l'essentiel de la partie tennis, les deux ayant su, chacun dans leur style, m'aider à constituer un magnifique album de famille.

Pingouin était l'ami et le photographe de la chanteuse Carole Fredericks aujourd'hui disparue. Je l'ai rencontré à l'occasion d'un concert des Enfants de la Terre et, depuis trois ans, il est devenu un fidèle compagnon de route des Zam-Zam. D'une rare discrétion, il arrive à capter dans le feu de l'action des instants à peine perceptibles et que nous avons toujours plaisir à découvrir lorsque, le calme revenu, il nous montre sa production. Il est le gardien de nos souvenirs et, pour cela, je l'en remercie du fond du cœur. Sans lui, combien de regards, combien d'émotions fugaces auraient déjà disparu ? Grâce à lui, les moments d'exception restent fixés à jamais dans nos mémoires. Entièrement disponible, il est toujours là. Léger comme l'air, grand amoureux des pingouins, il possède sans doute la plus belle collection d'objets dédiés à ce jovial animal à qui il voue un culte très poétique.

Gianni Ciaccia m'a accompagné dans ma carrière de joueur depuis mes débuts, et nous sommes devenus copains en passant du temps ensemble en dehors du cadre du travail. Je pense qu'il a fait de belles photos de moi parce que, au fond, il m'aimait bien. En tout cas, je sens passer à travers son objectif un sentiment qui m'a toujours touché. Autant j'aime les photos d'action, autant j'ai du mal à poser, et pourtant, avec Gianni, je me suis toujours prêté au jeu avec grand plaisir et cela, je crois, se sent sur les photos. Merci pour tes délicates attentions. Je sais ce que tu fais pour les Enfants de la Terre, et je t'en suis profondément reconnaissant.

Pingouin.

Gianni Ciaccia.

Je tiens également à remercier tous les autres photographes de ce livre, notamment Christophe Guibbaud, Serge Philippot, Jean-Marc Pochat, et aussi les collaborateurs du cherche midi qui m'ont permis d'aller au bout de cette aventure, Philippe Héraclès, François Verdoux, Mireille Paolini, ainsi que Nicolas Trautmann pour la direction artistique, Dominique Bonnot pour m'avoir aidé à rédiger mes textes, et Catherine Adet, ma fidèle collaboratrice et amie.

Et je remercie enfin les Zam-Zam : Michel Aymé, Thierry Boucou-Pastel, Xavier Deroin, Guillaume Eyango, François Guibbaud, Hervé Koster, Sylvie Loche, Jean-Max Méry, Karine N'Diaye.

Remerciements de l'éditeur

Nous tenons à remercier tout particulièrement Jacques Veneruso et Disiz la Peste pour la reproduction du texte de leur chanson.

En refermant ce livre, j'ai juste envie d'écrire : « À suivre… »
J'essaie seulement de renvoyer tout ce que je peux, dans les mêmes proportions que ce que je reçois chaque jour : les compliments, les attentions, les marques d'affection et les encouragements de la part des miens, des amis et du public.
Pourvu que ça dure…

Crédits photos

Ron Angle: p. 32-33 • **Sébastien Cailleux:** p. 4-5, 268-269 • **Gianni Ciaccia:** p.9, 19, 27bg, 29bd, 30b,, 31bg, 31bd, 37, 38-39, 40-41, 42-43, 44-45, 46-47, 48-49, 51, 52-53, 54-55, 56-57, 58-59, 60-61, 62-63, 64-65, 67, 72-73, 74-75, 85, 99, 107, 110-111, 112-113, 119, 120-121, 122-123, 124b, 125, 126-127, 128-129, 130-131, 132-133, 134-135, 137, 146-147, 164cd, 165bg, 166hd, 168bg, 169hg, 169bd, 200bd, 215, 252 • **Johanne Cohen:** p. 156 • **Collection familiale:** p. 12-13, 14-15, 16-17, 18, 20, 22-23, 28, 157, 245 • **Corbis:** p. 140-141, p. 145 Hans Gedda, p. 151 Richard Melloul / Sygma, p. 139 Flip Schulke, p. 143 S.I.N., p. 142 Jason Wise / Duomo • **Droits réservés:** p. 92-93, 94b, 154-155 • **Corinne Dubreuil:** p. 76-77 • **Christophe Guibbaud:** p. 27cd, 30hg, 31h, 69, 114-115, 116-117, 162-163, 164hg, 164bg, 196-197, 247, 248-249 • **Hervé Koster:** p. 201 • **Hélène Léobon:** p. 253 • **Magnum Photos:** p. 144 Thomas Hoepker, p. 149 Guy Le Querrec • **Pascal Mutez:** p. 264g • **NYC RRC:** p. 253 • **Paris Match:** p. 25 Benjamin Auger • **Pingouin:** p. 6-7, 148, 160-161, 164cg, 164hd, 165hg, 165cd, 166hg, 166c, 166b, 167, 168hg, 168hd, 168cd, p. 169hg, 169hd, 169cd, 172-173, 174-175, 176-177, 178-179, 180-181, 182-183, 184-185, 186-187, 189, 190-191, 192-193, 194-195, 199, 200bg, 200bc, 202-203, 204-205, 206-207, 208-209, 210-211, 212-213, 214, 216-217, 218, 220-221, 222-223, 225, 228-229, 230-231, 232-233, 234-235, 239, 240-241, 242-243, 244, 254-255, 259b, 260-261, 262-263, 266-267 • **Presse Sports:** p. 71, 80-81, 100-101, p. 94h Caron, p. 27cg François Ducasse, p. 259h Lecoq, p. 26c, 70, 86-87, 88-89, 103, 124h Pochat, p. 169cg Sugru Sport Illustrated • **Sport Vision** Nikon D2X: p. 264d • **Tennis Magazine:** p. 21, 26b, 27h, 29bg, 38-39, 90-91, 95, 98, 105, 153, 165hd, 165bd, 168cg, 250-251 Serge Philippot, p. 30hd Corinne Dubreuil

Édition: François Verdoux et Mireille Paolini
Direction artistique: Nicolas Trautmann / jetlab@free.fr
Fabrication: Luc Martin / L&M Editions

23, rue du Cherche-Midi, 75006 Paris

Vous pouvez consulter notre catalogue général
et l'annonce de nos prochaines parutions sur notre
site internet: cherche-midi.com

Achevé d'imprimer en Italie par G. Canale & C. S.p.A.

Dépôt légal: octobre 2005
ISBN: 2 74910 467 X
N° d'édition: 467